房地产开发投资与经营管理案例集

肖 艳 编著

西南财经大学出版社
中国·成都

图书在版编目(CIP)数据

房地产开发投资与经营管理案例集/肖艳编著.—成都:西南财经大学出版社,2021.12
ISBN 978-7-5504-4980-0

Ⅰ.①房… Ⅱ.①肖… Ⅲ.①房地产开发—案例②房地产投资—案例③房地产管理—经营管理—案例 Ⅳ.①F293.3

中国版本图书馆 CIP 数据核字(2021)第 143402 号

房地产开发投资与经营管理案例集

FANGDICHAN KAIFA TOUZI YU JINGYING GUANLI ANLIJI

肖艳 编著

责任编辑:石晓东
责任校对:王琴
封面设计:墨创文化
责任印制:朱曼丽

出版发行	西南财经大学出版社(四川省成都市光华村街 55 号)
网　　址	http://cbs.swufe.edu.cn
电子邮件	bookcj@swufe.edu.cn
邮政编码	610074
电　　话	028-87353785
照　　排	四川胜翔数码印务设计有限公司
印　　刷	四川煤田地质制图印刷厂
成品尺寸	185mm×260mm
印　　张	11
字　　数	260 千字
版　　次	2021 年 12 月第 1 版
印　　次	2021 年 12 月第 1 次印刷
印　　数	1— 1000 册
书　　号	ISBN 978-7-5504-4980-0
定　　价	39.80 元

前言

本房地产开发投资与经营管理案例集可以作为房地产经营管理、工程管理、营销策划等专业本（专）科学生的课外辅导资料，也可以作为房地产从业人员的参考阅读资料。

本案例集从素材收集到定稿，历时一年多的时间。本案例集基于真实房地产项目开发的工作流程，以市场调研、可行性研究及项目决策、项目市场定位及策划、项目报建、项目销售及推广、项目物业管理六个主要工作阶段为线索，在每个阶段均列举了具有代表性的案例。本案例集既有利于学生基本理论知识的学习，又重点关注学生实践能力的培养。本案例集所用素材均来自真实的房地产开发项目，部分资料注明了参考文献及来源；其他无从查证的，则未注明资料来源。本案例集涉及的所有项目均隐去了部分关键信息，且本案例集仅用于教学，不作其他商业用途，故未经原作者允许不能转载。

由于编者能力和水平有限，本案例集中疏漏之处在所难免，敬请各位同行和专家批评指正！

编者

2021 年 5 月 10 日

目录

第一篇
市场调研阶段

案例一

成都某项目市场调研报告

［案例综述］

本市场调研项目处于四川省成都市新都区。新都区是成都市市辖区，是成都市中心城区。新都区区域面积为496平方千米，2019年常住人口约为91.8万人。

新都区地处成都城市发展北中轴线上，区位优势明显，是成德绵经济带重要节点城市，也是“蓉欧快铁”和“南方丝绸之路”的起点城市。新都区距成都火车东站、北站，成都铁路集装箱中心站以及双流国际机场都在30分钟车程内。目前，新都区已开通的地铁有3号线、5号线。

新都区有西部机电装备制造工业区、西南石油大学国家大学科技园、成都市北部新城现代商贸综合功能区、成都家具产业园、新都物流中心、成都中车轨道交通产业园等九大产业园区。2017年12月14日，新都区入选中国工业百强区。

新都区历史悠久，有宝光寺和升庵桂湖两处国家级重点文物保护单位。宝光桂湖文化旅游区已列入国家4A级景区。

本调研报告包括两个子项目，这两个子项目分别处于新都区的大丰板块和新都新城区板块。本调研报告简单明了、紧扣调研主题，不同于第三方专业咨询机构的报告风格。本调研报告的内容仅涉及项目区域属性、项目区域市场、项目本体分析三个核心内容。本调研报告包含大量的一手调研数据和图表，图文并茂、可读性强。

［案例全文］

一、项目区域属性

（一）成都市发展的过去和现在

过去，成都市的城市发展是不均衡的，南部和西部发展得较快，而东部、北部发展相对较慢，形成了“东贫、西贵、北乱、南富”的局面（见图1-1-1）。

如今，随着成都市的快速发展以及“东进、南拓、西控、北改、中优”政策的持续推进，成都市的发展承载能力进一步增强（见图1-1-2）。

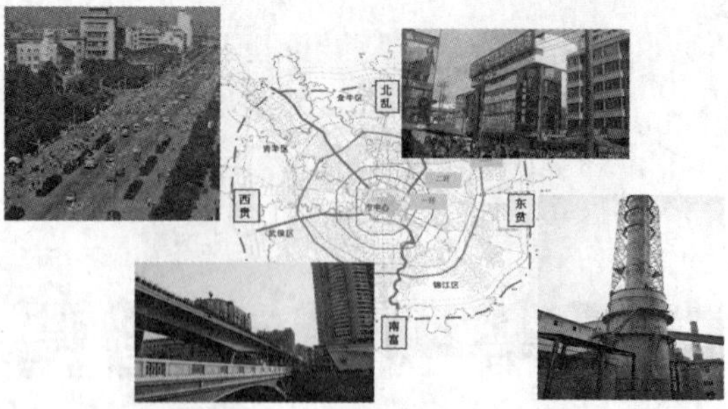

图 1-1-1　成都市发展现状

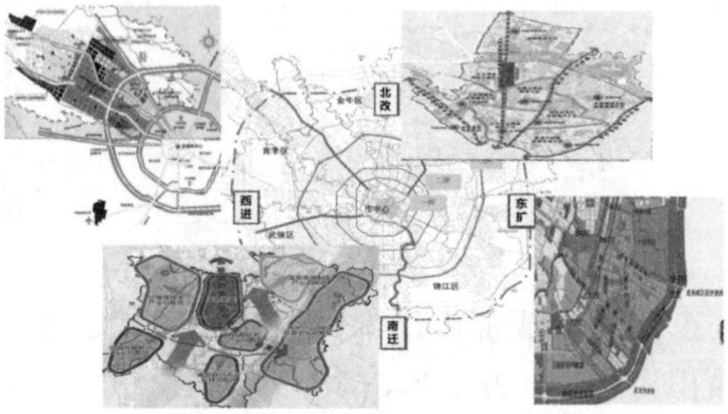

图 1-1-2　成都市“东进、南拓、西控、北改、中优”政策

（二）成都市北部新城概况

成都市北部新城（见图 1-1-3）是成都市的北向门户，是商贸、物流、文化输出的重要基地，是重点发展以国际商贸为主的现代服务业和城市商业副中心。

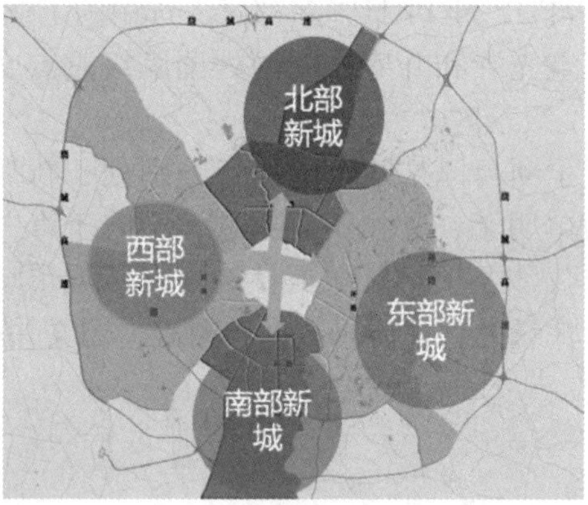

图 1-1-3　成都市北部新城位置示意

（三）成都市北改概况

成都市北改工程规划总面积为 212 平方千米，涉及金牛区、成华区、新都区。其中，金牛区 84 平方千米，成华区 55 平方千米，新都区 73 平方千米。

成都市北改工程集中实施改造的范围约 104 平方千米，整个北改涉及的人口约 150

万人。据初步统计，北改工程项目约 360 个。

新都区作为北部新城的核心，是北改的重点区域，是北改产业调迁的重要承接地，是连接成德绵经济带的重要起点，对于推动市域经济的圈层融合发展和成都经济区的联动发展具有重要意义。

（四）成都市北改规划

北改的总体定位是形成成都市中心城区北部副中心，形成“四轴九片、一核八心”的“北改”片区总结构。

“四轴”，即人民北路城市中轴线、川陕路文化经济轴、新成华大道商业商务轴、沙西线娱乐商务轴。

“九片”，即形成九大功能齐全、配套完善的城市片区。

“一核”，即北部副中心，成为国际化和区域中心功能的承载区。

“八心”，即其他八大城市片区的中心。

（五）新都区北改概况

新都区北改的首要目标是完善网络交通布局，规划构建“十纵、六横、四轨”的交通格局。

“十纵”，即成彭高速、蓉北商贸大道、成德快速路、商贸干道（万石路）、货运大道、川陕干道、蜀龙路、成绵高速、成金快速、石龙路。

“六横”，即成都绕城高速公路、商城大道、兴城大道、香城大道、新新路、城环路。

“四轨”，即地铁 1 号线、3 号线、5 号线以及成绵乐城际铁路。

（六）新都区概况

新都区是成都市的北部主城区，面积为 496 平方千米。其中，32. 6 平方千米为都市区，人口约为 62 万。新都区十余项主要经济指标名列前茅，自 1994 年起已连续 16 年被评为“四川省综合实力十强区（县）”。2012 年，新都区地区生产总值（GDP）达 456. 05 亿元，同比增长 13. 3%；城镇居民人均可支配收入为 27 436 元，同比增长 15. 1%；农村居民人均纯收入为 12 256 元，同比增加 1 456 元。2011 年，新都区荣获“2011 年度中国全面小康十大示范县市”称号。

新都区被定位为成都市城北副中心，承担成都市机械、信息技术（IT）、电子、食品、生物制药、旅游和物流基地的功能。

（七）小结

新都区属于大成都的第二圈层，自身发展基础较好。相较于成都第一圈层的发展，第二圈层的发展虽起点低，但速度快，目前是成都市新的发展战略核心，潜力巨大。

新都区作为成都北改工程的核心区域，将借助北改的政策，被打造成为成都北向门户的商贸、物流、文化输出重要基地以及重点发展以国际商贸为主的现代服务业和城市商业副中心。

二、项目区域市场

（一）成都市土地供应市场概况

本项目于2014年启动，故调研数据均为2013年数据。从2013年成都市各区县土地销供情况看，双流区土地成交面积排名第一，新都区位列第二；新都区楼面均价为1 016元/平方米，溢价率高达240%（见图1-1-4）。

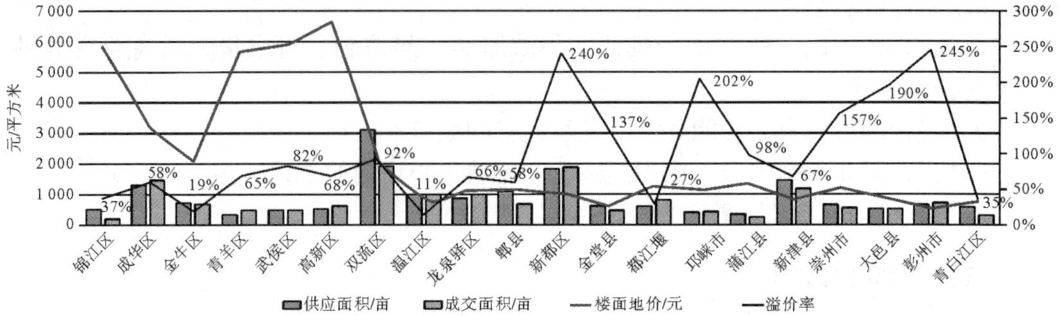

城区	锦江区	成华区	金牛区	青羊区	武侯区	高新区	双流区	温江区	龙泉驿区	郫县	新都区	金堂县	都江堰	邛崃市	蒲江县	新津县	崇州市	大邑县	彭州市	青白江区
供应面积/亩	503	1 276	693	285	472	499	3 105	994	853	1 151	1 822	601	557	408	327	1 445	651	523	646	555
成交面积/亩	190	1 442	660	458	469	614	1 917	993	1 014	658	1 888	470	802	445	215	1 156	548	505	713	279
楼面地价/元	5 779	3 166	2 060	5 654	5 887	6 612	2 072	772	1 107	1 145	1 016	612	1 255	1 132	1 338	817	1 194	853	506	706
溢价率	37%	58%	19%	65%	82%	68%	92%	11%	66%	58%	240%	137%	27%	202%	98%	67%	157%	190%	245%	35%

图1-1-4　2013年成都市各区县土地销供价对比情况

数据来源：由成都锐理数据处理技术股份有限公司提供。

注：①郫县于2017年撤县，改称为郫都区，下同。

②本书使用亩和平方米两种面积单位，其为实际情况的表述，所以不做统一处理。若需换算，参照1亩≈666.67平方米，下同。

1. 新都区土地成交情况

2013年，新都区楼面均价为1 016元/平方米，全年土地成交中斑竹园镇、新都城区、新繁镇及大丰板块楼面地价较高，均超过均价。其中，大丰板块所拍土地的楼面单价皆超过2 300元/平方米（除绿地城外），详见表1-1-1。

表1-1-1　成都市新都区2013年土地成交明细

交易方式	土地位置	用地性质	交易时间	用地面积/平方米	用地面积/亩	建筑面积/平方米	综合容积率	成交单价/万元·亩$^{-1}$	成交楼面地价	成交总价/万元	溢价率/%	竞得者
拍卖	新都区清流镇原护乡村8、9组（现黄龙社区14、15组）	二类居住用地	2013-01-08	23 816	35.72	42 869	1.8	105	875	3 751.06	75.0	四川鑫怡置业有限公司
拍卖	新都区斑竹园镇大江村2、4、6组（北邻大江社区）	二类居住用地	2013-01-08	72 990	109.48	218 969	3	365	1 825	39 961.82	82.5	成都市建中置业有限公司
挂牌	新都区斑竹园镇旃檀社区4、6、9、10组（东邻万石路，北邻旃檀村规划道路）	商业兼容住宅	2013-02-18	86 382	129.57	302 338	3.5	88	377.14	11 402.45	0	四川贵达实业有限公司

表1-1-1(续)

交易方式	土地位置	用地性质	交易时间	用地面积/平方米	用地面积/亩	建筑面积/平方米	综合容积率	成交单价/万元·亩$^{-1}$	成交楼面地价	成交总价/万元	溢价率/%	竞得者
挂牌	新都区斑竹园镇柏水社区2、7、8组，旗檀社区1组，踏水社区5组，忠义社区5组，公益社区1组，白云社区3组	商业兼容住宅	2013-02-18	131 091	196. 64	360 500	2. 75	69	376. 36	13 567. 91	0	四川兴茂（集团）有限公司
挂牌	新都区斑竹园镇丰收村1组，大江社区6组（西邻规划道路，南邻丰收社区）	商业用地	2013-02-26	6 315	9. 47	31 573	5	100	300	947. 2	0	四川明新房地产开发有限公司
挂牌	新都区斑竹园镇白云社区1、2组（西邻规划道路，南邻兴茂大道）	商业用地	2013-02-26	32 966	49. 45	131 862	4	151	566. 25	7 466. 71	0	成都乐成新世纪投资有限公司
挂牌	新都区斑竹园镇白云社区1组，杨柳社区3、4组，柏水社区2、3组（西邻北新大道，北邻规划道路、河道）	商业兼容住宅	2013-02-26	139 059	208. 59	556 236	4	124	465	25 864. 96	0	四川同泰置地有限责任公司
拍卖	新都区大丰街道高堆社区5、6组（东邻高堆村）	二类居住用地	2013-02-08	65 922	98. 88	191 175	2. 9	548	2 834. 48	54 188. 14	82. 7	成都天合房屋开发有限责任公司
拍卖	新都区大丰街道高堆社区4、5组（北邻高堆村）	二类居住用地	2013-02-08	21 210	31. 81	61 509	2. 9	454	2 348. 28	14 443. 92	51. 3	成都新都蓝光和骏置业有限公司
挂牌	新都区石板滩镇马家村4、11、12、13组（南邻石木路）	商业用地	2013-03-22	101 248	151. 87	253 121	2. 5	36	216	5 467. 41	0	四川现代农机产业园开发建设有限公司
挂牌	新都区货运大道东侧、新都绕城路南侧	加油加气站用地	2013-05-10	6 505	9. 76	3 903	0. 6	160	4 000	1 561. 15	0	成都传化石油销售有限公司
拍卖	新都区三河街道花园社区（大件路东侧）	住宅兼容商业用地	2013-05-31	111 166	166. 75	333 497	3	404	2 020	67 366. 43	102. 0	成都万科房地产有限公司
拍卖	新都区新都镇西街与建设路口	二类居住用地	2013-06-05	1 133	1. 7	9 067	8	1 020	1 912. 5	1 733. 99	240. 0	自然人（谭永富）
拍卖	新都区新繁镇高墙村1、3、5组及高墙村村集体宗地	二类居住用地	2013-06-05	38 726	58. 09	116 177	3	304	1 520	17 658. 88	68. 9	自然人（谭永富）
挂牌	新都区新都镇团结镇社区5组	商业用地	2013-06-26	8 498	12. 75	42 491	5	258	774	3 288. 78	3. 2	四川鹏筑置业有限公司
拍卖	新都区三河街道二台子社区6、7、8、9、10组，回龙社区1、13、14组	住宅兼容商业	2013-07-12	162 920	244. 38	244 381	1. 5	130	1 300	31 769. 49	0	成都文旅熊猫小镇投资有限公司
拍卖	新都区石板滩镇金三角社区一组	二类居住用地	2013-07-23	9 943	14. 91	29 830	3	226	1 130	3 370. 78	73. 8	四川鑫怡置业有限公司
挂牌	新都区新都镇马超社区9组	商务用地	2013-08-26	6 305	9. 46	37 831	6	290	725	2 742. 78	262. 5	成都市新都区兴城建设投资有限公司
拍卖	新都区新繁镇高墙村1、3、5组及高墙村集体	二类居住用地	2013-09-06	12 730	19. 1	38 191	3	404	2 020	7 714. 48	68. 3	四川大月置业有限公司

表1-1-1(续)

交易方式	土地位置	用地性质	交易时间	用地面积/平方米	用地面积/亩	建筑面积/平方米	综合容积率	成交单价/万元·亩$^{-1}$	成交楼面地价	成交总价/万元	溢价率/%	竞得者
挂牌	新都区大丰街道高家社区3、4社及社区集体	商业兼容住宅	2013-10-11	170 411	255.62	852 057	5	330	990	84 353.67	0	绿地集团
挂牌	新都区龙桥镇瑞云社区19、20组	批发市场用地	2013-12-13	42 336	63.503 6	105 839	2.5	61	366	3 873.72	0	成都聚森置业有限公司
挂牌	新都区新繁镇高墙村3、5组及村集体	商业用地	2013-12-31	7 060	10.590 5	21 181	3	220	1 100	2 329.91	0	成都高盛置业有限公司

2. 分区（县）商品住宅数据对比

从图1-1-5可以看出，2013年，第二圈层（双流区、龙泉驿区、新都区、郫县、温江区、青白江区）成为成都市房地产市场供销主力。城市向南发展使双流区、高新区的新增供应量、销售量和备案存量连年领先，北改促使新都区紧随其后；新都区的去化率为127%，销售状况较好。

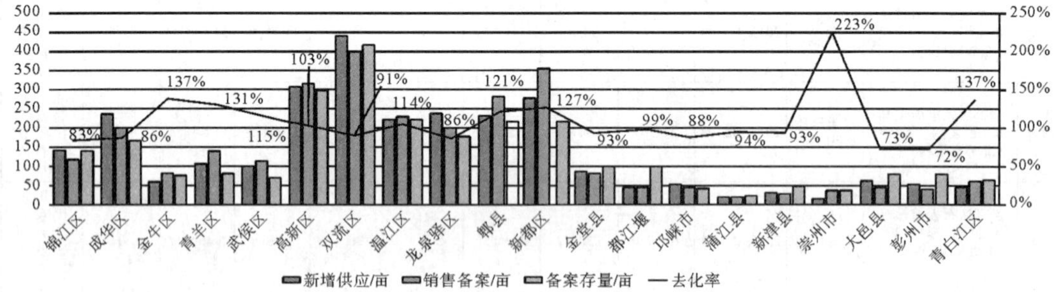

城区	锦江区	成华区	金牛区	青羊区	武侯区	高新区	双流区	温江区	龙泉驿区	郫县	新都区	金堂县	都江堰	邛崃市	蒲江县	新津县	崇州市	大邑县	彭州市	青白江区
新增供应	142.2	236.8	59	107.2	99.7	307.1	438.5	222.5	238.3	233.8	278.3	87.4	45.9	53	21.1	32.4	16.5	61.6	54.7	44.6
销售备案	118.1	203.6	80.6	140	114.5	315.4	397.9	231.4	204.1	282.9	353.9	81.4	45.6	46.5	19.9	30.1	36.8	44.7	39.6	61.1
备案存量	138.4	167.3	76.9	82.2	70.5	297.1	416.3	220.9	177.1	217	216.6	97.1	100.4	43.2	22.5	51.4	36.5	82.6	81.6	64.1
去化率	83%	86%	137%	131%	115%	103%	91%	104%	86%	121%	127%	93%	99%	88%	94%	93%	223%	73%	72%	137%

图1-1-5　2013年成都市土地销供价对比情况

数据来源：由成都锐理数据处理技术股份有限公司提供。

（二）新都区板块划分

新都区楼市板块主要划分为新都城区、大丰板块和保利198板块。其中，发展态势以新都城区和大丰板块为主，保利198板块为重点，再加上老城区板块，新都区楼市出现了全面发力的发展态势。新都城区板块是新都区未来的生活中心；大丰板块是北改重点区域，紧邻主城区，未来的发展潜力巨大。

本项目所在地分别为成都天鑫燃气管道地块和鸿基木业地块。

（三）新都区主要板块成交量及成交价格

新都城区市场较为稳定，成交面积均在100万平方米以上；保利198板块发展较为稳定，成交面积在30万~40万平方米；大丰板块近两年发展迅速，成交面积逐年上升（见表1-1-2）。

表 1-1-2　2009—2013 年新都区主要板块成交面积　　单位：万平方米

板块	2009 年	2010 年	2011 年	2012 年	2013 年
保利 198 板块	43.76	32.5	26.79	37.17	24.87
大丰板块	42.35	56.6	75.21	86.18	78.96
新都城区	100.77	104.67	107.87	106.51	106.92

相较于保利 198 板块和大丰板块，新都城区的成交价格相对较低。保利 198 板块受品牌开发商的带动，成交价格较高；大丰板块由于距离成都市近，成交价格同样高于新都城区（见表 1-1-3）。

表 1-1-3　2013 年新都区各板块成交建面均价

板块	成交建面均价/元·平方米$^{-1}$
保利 198 板块	6 506
大丰板块	5 899
新都城区	4 967

（四）小结

2013 年，新都区土地成交量位列成都第二，楼面均价为 1 016 元/平方米，溢价率高达 240%；商品住宅销售量超 300 万平方米，排名第二；新开工面积 786 万平方米，排名第二。从以上各个指标来看，新都区房地产市场是除双流区以外，成都最热门的区域，销供比大于 1，房地产市场的发展比较健康。

新都区楼市板块主要划分为新都城区、大丰板块及保利 198 板块。从成都市板块热度图分析来看，新都区大丰板块供应量与成交量都名列前茅，销供比大于 1，存量相对较少，且由于其临近成都主城区，价格也较高，属于新都区热点板块。新都城区板块销供比大于 1，存量较少，且市场成交热度较高。

三、项目本体分析

（一）大丰板块——成都天鑫燃气管道项目

1. 地块经济指标

该地块 2013 年的各项经济指标如表 1-1-4 所示。

表 1-1-4　该地块 2013 年的各项经济指标

用地性质	工业用地
占地面积	约 40 亩
容积率	3.0
用地性质	约 20 亩商业、20 亩住宅
地价	约 2 000 元/平方米

注：项目具体规划指标待最终确认。

2. 地块位置

该项目位于大丰板块，临大成路，近南丰大道和北新大道，交通便利。

3. 地块四至及现状

该地块内部平整，有待拆迁的办公楼、仓库及杂乱的植被，拆迁难度小，便于开发（见图 1-1-6 及图 1-1-7）。

图 1-1-6　项目地块四至情况

图 1-1-7　项目周边现状

4. 项目的 SWOT 分析

本项目的 SWOT 分析如表 1-1-5 所示。

表 1-1-5　本项目的 SWOT 分析

Strength（优势）	●项目属于大丰板块，临近成都主城区，区位优势明显 ●项目临近地铁 5 号线、北新干道等主要交通要道，未来交通方便 ●项目地块平整方正，拆迁难度小，便于开发
Weakness（劣势）	●项目体量相对较小，难以形成规模效应 ●目前地块周边形象较差，区域档次不高 ●项目背后临铁路，居住环境较差
Opportunity（机会）	●大丰板块目前属于新都区最热板块，也是北改重要区域，开发建设仍在加速进行中，本项目的开发即处于这一上升通道 ●区域周边商业配套较差，20 亩商业地块的开发可以借助区域配套升级的发展机会

表1-1-5(续)

Threat（威胁）	●随着大丰板块的集中建设开发，区域内竞争项目较多，市场竞争加大 ●项目 2 000 米范围内已形成以家乐福为代表的小型商业中心，对本项目商业的打造带来威胁

5. 项目市场竞品分析

目前，大丰房地产市场主要划分为成彭路以西、老城区、新城区以及北改规划的北部副中心四大板块。其中，成彭路以西板块和老城区呈衰落之势，目前老城区面貌仍然老旧，很难得到改善。而新城区板块和北改规划的北部副中心板块目前正处于高速成长期，已开发楼盘集中扎堆，且开发品质明显高于老城区以及成彭路以西板块的楼盘。未来大丰的发展将集中在新城区板块和北部副中心板块。

（1）住宅部分。

2013 年，大丰新老城区均价为 6 000~6 500 元/平方米，多以住宅项目为主，目前已吸引绿地、保利等知名房企。大丰板块商业中心未来将集中在北部副中心板块，形成大型商业综合体。大丰板块临近主城区，吸引了部分投资客及年轻的刚需客群，因此，其以面积为 90 平方米以下的户型为主。

（2）商铺部分。

2013 年，大丰板块的一般住宅底商和商业街的价格为 2.5 万~3 万元/平方米。若项目为大型商业综合体，商铺均价可提高至 3.5 万元/平方米；目前项目旁基本无大型商业，仅有少量住宅配套商业。

（3）周边地价情况。

从 2007 年开始，大丰板块土地成交量较大，80%的成交土地都发生了高溢价。整个大丰板块在 2012—2013 年拍卖的土地楼面均价已达 2 093 元/平方米。2013 年拍卖的两块土地甚至已经超过 2 300 元/平方米。

6. 大丰板块项目小结

（1）大丰板块划分为成彭路以西、老城区、新城区和北部副中心四大板块，项目位于北部副中心板块边缘，虽目前开发还未形成规模，但自身 20 亩的商业体量可借助副中心的打造，提升其项目价值。

（2）大丰新老城区住宅均价为 6 000~6 500 元/平方米。其临近主城区，吸引了部分投资客及年轻的刚需客群，所以以面积为 90 平方米以下的户型为主。绿地、保利等大型知名房企或含大型综合体的项目均价比一般项目高，基本都在 6 500 元/平方米以上。

（3）大丰板块底商均价为 2.5 万~3 万元/平方米，若为涵盖大型主力店的商业综合体，商铺价格可提高至 3.5 万元/平方米，目前项目周边商业稀缺。

（4）大丰板块 2013 年拍卖地块的楼面价已经超过 2 300 元/平方米，本项目 2013 年谈定的楼面地价为 2 000 元/平方米，有一定的成本优势。

（二）新都城区板块——鸿基木业项目

1. 地块经济指标

本项目地块的经济指标见表 1-1-6。

表 1-1-6 本项目地块的经济指标

用地性质	工业用地
占地面积	约 90 亩
容积率	3.0
用地性质	住宅、商业综合用地
地价	约 400 万/亩（2 000 元/平方米）

注：项目具体规划指标待最终确认。

2. 地块位置

鸿基木业地块位于新都老城区，临新都工业大道，周边已形成“四横三纵”的交通路网，交通发达。

3. 地块四至及现状

本项目地块四至及周边环境状况见图 1-1-8 和图 1-1-9。

图 1-1-8 项目四至现状

本项目地块内部平整，有待拆迁的办公楼、仓库及杂乱的植被，拆迁难度小，便于开发。

图 1-1-9 项目周边环境

4. 项目的 SWOT 分析

本项目的 SWOT 分析见表 1-1-7。

表 1-1-7 本项目的 SWOT 分析

Strength（优势）	●项目临新都工业大道，周边交通路网发达 ●项目地块平整方正，拆迁难度小，便于开发 ●地铁 3 号线的开通，将进一步体现本项目的交通优势

表1-1-7(续)

Weakness（劣势）	●目前地块周边厂房较多，属于工业区，居住环境较差 ●周边配套不完善
Opportunity（机会）	●随着新都新城区的大力开发，该区域价值一路提升，本项目的开发即处于这一上升通道，可从中受益
Threat（威胁）	●随着新城板块的集中开发，预估未来周边土地放量将会持续，会带来一定竞争

5. 项目市场竞品分析

项目周边竞品价格为 4 800～5 500 元/平方米，户型多以高层的两室、三室为主，基本上为刚性需求，多为新都区客户购买，城区投资客较少，周边商业配套不完善。

6. 新城区板块项目小结

（1）鸿基木业地块楼面地价为 2 000 元/平方米，周边住宅均价为 5 000 元/平方米，若项目商业体量较小，则地块利润不高。

（2）项目位于新都新城区板块，目前虽开发热度较高，但多为新都区本地的刚性需求，投资客较少，价格增值空间不大。

（3）项目周边土地价格较低，楼面均价低于 1 000 元/平方米，而目前项目所谈楼面价格为 2 000 元/平方米，高于周边均价，土地成本较高。

［案例小结］

本项目的启动时间为 2014 年，本调研方案包括两个子项目，分别处于成都市新都区的大丰板块和新都城区板块。本调研报告风格简洁、直入主题，用了大量的调研数据和图表对调研项目情况、宏观和中观区域市场情况进行了详细的分析。本项目对两个子项目的所处区域进行了规划分析、四至分析、周围地价及竞争性楼盘价格分析，对项目自身进行了 SWOT 分析等，基本上包含了投资者想要了解的核心内容。

本调研报告仅是一个初步的调查，存在的缺陷在于仅对项目所涉及的要素进行了客观的描述，不涉及项目建设基本方案及项目定位和策划建议，因此整个调研报告稍显单薄。

［思考题］

（1）房地产市场调研的重要性体现在哪些方面？

（2）进行消费者行为调研有哪些方法？

（3）市场调研的步骤有哪些？

案例二 市场调研系列表格模板

［案例综述］

市场调研是项目可行性研究、营销策划的基础工作。市场调研的数据是可行性研究报告、市场调研报告、营销策划报告等的支撑和依据，直接关系到项目的决策。本案例将结合市场调研报告的需求，按照宏观、中观及微观指标分析，房地产市场分析和实际项目调研的顺序，分别列出房地产市场调研报告所涉及的宏观、中观及微观指标和不同项目的市场调研表格。这些表格对于企业和个人展开市场调查、撰写各类报告具有很好的参考价值。

［案例全文］

一、市场调研指标框架

市场调研的指标框架包括区域经济环境分析和房地产整体市场分析两个方面，可进一步划分为宏观指标、中观指标、微观指标。市场调研的指标框架如表 1-2-1 所示。

表 1-2-1　市场调研的指标框架

区域经济环境分析	宏观指标	总体指标：GDP、人口、人均 GDP
		产业指标：固定资产投资、城市经济发展计划、产业规划、城市总体规划等
		需求类指标：城市化率、社会消费品零售总额、恩格尔系数等
	中观指标	产业类指标：产业结构及布局
		需求类指标：就业人口结构
	微观指标	需求类指标：人均可支配收入、消费水平、人均居住面积、住宅消费支出水平
		产业类指标：新批三资企业人数、接待入境旅游人数等
房地产整体市场分析	宏观指标	综合指标：房地产景气指数、价格指数、城市地产预警指数
	中观指标	土地类指标：总体开发投资额、土地储备、土地开发面积等
		开发类指标：施工面积、竣工面积、年开发量等
		需求类指标：销售额、销售面积、价格、空置率等
	微观指标	结构指标：市场销售趋势分布、土地出让金分布

（一）区域经济宏观指标框架

区域经济宏观指标框架见表 1-2-2。

表 1-2-2　区域经济宏观指标框架

宏观指标	总体指标	1. 历年 GDP 及增长率				
		年份				
		GDP/亿元				
		GDP 增长率				
		2. 人均 GDP 及增长率				
		年份				
		人均 GDP/元				
		人均 GDP 增长率				
		3. 人口构成及变化				
		年份				
		年末总人口/人				
		户籍人口/人				
		外来人口/人				
		区域 1/人				
		区域 2/人				
		区域 3/人				
	产业指标	1. 固定资产投资及增长率				
		年份				
		固定资产投资/亿元				
		固定资产投资增长率				
		2. 城市经济发展计划				
		3. 产业规划				
		4. 城市总体规划				
	需求类指标	1. 城市化率				
		年份				
		城市人口/人				
		总人口/人				
		城市化率				
		2. 社会消费品零售总额				
		年份				
		社会消费品零售总额/亿元				
		社会消费品零售总额增长率				
		3. 恩格尔系数				
		年份				
		全年人均消费性支出/元				
		全年人均食品消费性支出/元				
		恩格尔系数				

表1-2-2(续)

中观指标	产业类指标	1. 产业结构及布局				
		年份				
		第一产业占比				
		第二产业占比				
		第三产业占比				
		2. 就业人口结构				
			A 类型	B 类型	C 类型	D 类型
		就业人口数量/人				
		就业人口人均收入/元				
微观指标	需求类指标	1. 人均可支配收入				
		年份				
		人均可支配收入/元				
		人均可支配收入增长率				
		2. 消费水平				
		年份				
		人均消费支出/元				
		人均消费支出增长率				
		3. 人均居住面积				
		年份				
		人均居住面积/平方米				
		4. 住宅消费支出水平				
		年份				
		居住全年人均消费支出/元				
		全年人均消费支出/元				
		住房支出比				
	产业类指标	1. 新批三资企业人数				
		年份				
		新批三资企业人数/万人				
		2. 接待入境旅游人数				
		年份				
		接待入境旅游人数/万人次				

(二) 房地产整体市场分析框架

房地产整体市场分析框架指标见表 1-2-3。

表 1-2-3 房地产整体市场分析框架指标

宏观指标	综合指标	1. 房地产景气指数		
		年份		
		房地产景气指数		
		2. 价格指数		
		年份		
		居民消费价格指数		
		房地产价格指数		
		3. 城市地产预警指数		
		年份		
		城市地产预警指数		
中观指标	土地类指标	1. 总体开发投资额		
		年份		
		土地开发投资额/万元		
		2. 土地储备		
		年份		
		土地储备/平方千米		
		存量土地/平方千米		
		增量土地/平方千米		
		3. 土地开发面积		
		年份		
		土地开发面积/万平方米		
		区域 a/万平方米		
		区域 b/万平方米		
		区域 c/万平方米		
	开发类指标	1. 施工面积		
		年份		
		商品房施工面积/万平方米		
		施工面积增长率		
		2. 竣工面积		
		年份		
		商品房竣工面积/万平方米		
		竣工面积增长率		
	需求类指标	1. 销售额		
		年份		
		商品房销售额/亿元		
		商品房销售额增长率		
		2. 销售面积		
		年份		
		商品房销售面积/万平方米		
		商品房销售面积增长率		
		3. 商品房销售均价		
		年份		
		商品房销售均价		
		商品房销售均价增长率		
		4. 空置率		
		年份		
		商品房空置面积/万平方米		
		商品房空置率		
微观指标	结构指标	1. 市场销售趋势分布		
		2. 土地出让金分布		

二、城市及房地产整体市场分析指标

城市及房地产整体市场分析指标包括城市影响力指标、市场阶段指标、市场潜力指标、市场趋势指标、市场风险指标五个维度（见图 1-2-1）。

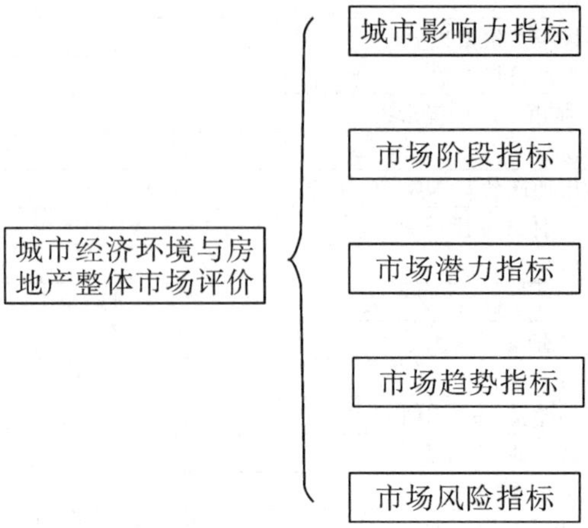

图 1-2-1　城市及房地产整体市场分析指标

（一）城市影响力指标

城市影响力指标见表 1-2-4。

表 1-2-4　城市影响力指标

<table>
<tr><td rowspan="16">主要综合指标</td><td colspan="5">1. 所在"都市圈"架构和排名</td></tr>
<tr><td>年份</td><td></td><td></td><td></td><td></td></tr>
<tr><td>地区生产总值在全省/全国排名</td><td></td><td></td><td></td><td></td></tr>
<tr><td colspan="5">2. 城市产业功能占位和排名</td></tr>
<tr><td>产业功能站位</td><td>a. 核心-对外窗口</td><td>b. 第一圈层-次级辐射中心</td><td>c. 第二圈层-专业产业基地、专业市场</td><td>d. 第三圈层-原材料基地</td></tr>
<tr><td>年份</td><td></td><td></td><td></td><td></td></tr>
<tr><td>主导产业排名</td><td></td><td></td><td></td><td></td></tr>
<tr><td colspan="5">3. 城市资源占位</td></tr>
<tr><td rowspan="3">硬资源</td><td>自然资源</td><td colspan="3"></td></tr>
<tr><td>产业资源</td><td colspan="3"></td></tr>
<tr><td>交通资源</td><td colspan="3"></td></tr>
<tr><td rowspan="3">软资源</td><td>历史资源</td><td colspan="3"></td></tr>
<tr><td>人文资源</td><td colspan="3"></td></tr>
<tr><td>政治资源</td><td colspan="3"></td></tr>
<tr><td colspan="5">4. 影响城市的重大事件或会议</td></tr>
<tr><td colspan="5">对区域格局影响、所属圈层关系等</td></tr>
</table>

表1-2-4(续)

配合指标	1. 城市进出口额及外资使用				
	年份				
	对外贸易进出口总值/亿元				
	外商直接投资合计/亿元				
	2. 外企、三资企业数量				
	年份				
	外企、三资企业数量				
	3. 外来旅游人口量排名				
	年份				
	接待旅游者总人数/万人次				
	外来旅游人口量排名				
	外来购买力所占比例				

（二）市场阶段指标

市场阶段指标见表 1-2-5。

表 1-2-5　市场阶段指标

综合指标	1. GDP 三项						
	（1）GDP 总量与房地产发展关系——相关城市对比						
	（2）GDP 增速与房地产发展关系						
	年份						
	GDP 增长率						
	小于 4%：萎缩						
	4%~5%：停滞						
	5%~8%：稳定发展						
	大于 8%：高速发展						
	（3）人均 GDP 与房地产发展关系						
	年份						
	人均 GDP						
	启动阶段：800~3 000 元						
	快速发展阶段：3 001~4 000 元						
	平稳发展阶段：4 001~8 000 元						
	减缓发展阶段：8 000 元以上						
	2. 房地产周期模板						
	年份						
	复苏						
	发展						
	危机						
	萧条						

表1-2-5(续)

单项指标	1. 城市化率：纳瑟姆曲线						
	年份						
	城市人口/人						
	总人口/人						
	城市化率						
	小于30%平缓发展						
	30%~70%快速发展						
	大于70%平缓发展						
	2. 人均居住面积						
	年份						
	人均居住面积/平方米						
	小于20：快速发展						
	20~30：平稳发展						
	大于30：平缓发展						
	3. 一、二手房比例模型						
	年份						
	二手/一手房成交比例						
	发达国家3：1~5：1						
	一线城市0.8~1.2						
	二线城市0.4~0.8						
	三线城市0.1~0.4						

（三）市场潜力指标

市场潜力指标见表1-2-6。

表1-2-6　市场潜力指标

城市发展拉动	经济基础宏观指标七项	1. 历年GDP及增长率						
		年份						
		GDP 指标						
		GDP 增长率						
		2. 社会消费品零售总额						
		年份						
		社会消费品零售总额						
		社会消费品零售总额增长率						
		3. 恩格尔系数						
		年份						
		全年人均消费支出						
		全年人均食品消费支出						
		恩格尔系数						

表1-2-6(续)

<table>
<tr><td rowspan="32">城市发展拉动</td><td rowspan="16">经济基础宏观指标七项</td><td colspan="7">4. 人均 GDP 及增长率</td></tr>
<tr><td>年份</td><td></td><td></td><td></td><td></td><td></td><td></td></tr>
<tr><td>人均 GDP 指标</td><td></td><td></td><td></td><td></td><td></td><td></td></tr>
<tr><td>人均 GDP 增长率</td><td></td><td></td><td></td><td></td><td></td><td></td></tr>
<tr><td colspan="7">5. 人均可支配收入</td></tr>
<tr><td>年份</td><td></td><td></td><td></td><td></td><td></td><td></td></tr>
<tr><td>人均可支配收入</td><td></td><td></td><td></td><td></td><td></td><td></td></tr>
<tr><td>人均可支配收入增长率</td><td></td><td></td><td></td><td></td><td></td><td></td></tr>
<tr><td colspan="7">6. 人均消费水平</td></tr>
<tr><td>年份</td><td></td><td></td><td></td><td></td><td></td><td></td></tr>
<tr><td>人均消费支出</td><td></td><td></td><td></td><td></td><td></td><td></td></tr>
<tr><td>人均消费支出增长率</td><td></td><td></td><td></td><td></td><td></td><td></td></tr>
<tr><td colspan="7">7. 人均存款</td></tr>
<tr><td>年份</td><td></td><td></td><td></td><td></td><td></td><td></td></tr>
<tr><td>城市居民家庭人均存入储蓄款</td><td></td><td></td><td></td><td></td><td></td><td></td></tr>
<tr><td>城市居民家庭人均存入储蓄款增长率</td><td></td><td></td><td></td><td></td><td></td><td></td></tr>
<tr><td rowspan="10">产业格局和拉动</td><td colspan="7">1. 城市产业和地产空间分布</td></tr>
<tr><td colspan="7">2. 产业结构及布局</td></tr>
<tr><td>年份</td><td></td><td></td><td></td><td></td><td></td><td></td></tr>
<tr><td>第一产业占比</td><td></td><td></td><td></td><td></td><td></td><td></td></tr>
<tr><td>第二产业占比</td><td></td><td></td><td></td><td></td><td></td><td></td></tr>
<tr><td>第三产业占比</td><td></td><td></td><td></td><td></td><td></td><td></td></tr>
<tr><td colspan="7">3. 城市产业规划导向</td></tr>
<tr><td colspan="7">4. 城市产业转移或发展路径</td></tr>
<tr><td>年份</td><td></td><td></td><td></td><td></td><td></td><td></td></tr>
<tr><td>工业化</td><td></td><td></td><td></td><td></td><td></td><td></td></tr>
<tr><td rowspan="6">城市规划拉动城市基建投资</td><td colspan="7">1. 城市规划拉动、城市基建投资</td></tr>
<tr><td>年份</td><td></td><td></td><td></td><td></td><td></td><td></td></tr>
<tr><td>城市扩张方式和速度</td><td></td><td></td><td></td><td></td><td></td><td></td></tr>
<tr><td>城市格局和主要发展方向</td><td></td><td></td><td></td><td></td><td></td><td></td></tr>
<tr><td>城市基建投资（历史）</td><td></td><td></td><td></td><td></td><td></td><td></td></tr>
<tr><td>未来：重要交通、资源规划</td><td></td><td></td><td></td><td></td><td></td><td></td></tr>
</table>

表1-2-6(续)

直接需求拉动	人口增长需求	1. 人口总量及增长率						
		年份						
		年末总人口/人						
		区域 1/人						
		区域 2/人						
		区域 3/人						
		人口增长率						
		2. 人口密度分布						
			土地面积/平方千米	人口/万人	人口密度			
		全市						
		市区						
		区域 a						
		区域 b						
		3. 就业人口结构						
			A 类型	B 类型	C 类型	D 类型	E 类型	
		就业人口数量/人						
		就业人口人均收入						
		人口年龄、家庭分布、教育程度等影响						
		距项目远近的企业分布						
	拆迁需求	1. 拆迁量						
		年份						
		计划存量土地供应/万平方米						
		区域 a/万平方米						
		区域 b/万平方米						
		区域 c/万平方米						
		实际拆迁量/万平方米						
		区域 a/万平方米						
		区域 b/万平方米						
		区域 c/万平方米						
		拆迁导致的购房需求						
		2. 拆迁政策						
		年份						
		安置政策	1∶1 现场					
			1∶1 异地					
			货币补偿					
		拆迁力度	放大					
			控制					
			减少					

表1-2-6(续)

直接需求拉动	改善动力推动	1. 收入增长支持三项	(1) 人均支配收入增幅节点					
			年份					
			人均可支配收入					
			人均可支配收入增长率					
			(2) 人均存款额度峰值指标					
			年份					
			城市居民家庭人均存入储蓄款					
			房价可负担比例					
		2. 人均居住面积发展指标						
		年份						
		人均居住面积/平方米						
		3. 恩格尔系数与住房支出比重指标						
		年份						
		恩格尔系数						
		住房支出比——住房消费占总消费性支出的比重/%						
		消费类型	恩格尔系数	住房支出比				
		温饱型	0.5~0.59	9.4				
		小康型	0.4~0.5	15.5				
		富裕型	0.2~0.39	20~30				
		可负担比率						

(四) 市场趋势指标

市场趋势指标见表1-2-7。

表1-2-7 市场趋势指标

整体趋势指标	1. 开发量、销售量、价格变化平稳度							
	年份							
	商品房销售均价/元							
	商品房销售均价增长率							
	商品房施工面积							
	商品房销售面积							
	2. 品质的发展阶段及重点							
	年份							
	市场竞争阶段							
	品质发展阶段	核心产品层						
		外围产品层						
		外延产品层						
	排在前三位的高端客户置业要素							
	排在前三位的中低端客户置业要素							

表1-2-7(续)

<table>
<tr><td rowspan="3">政策影响指标</td><td colspan="7">1. 宏观政策解析</td></tr>
<tr><td colspan="7">2. 城市特别政策解析</td></tr>
<tr><td colspan="7">3. 政策调整下的市场反应</td></tr>
<tr><td rowspan="21">竞争压力指标</td><td rowspan="15">1. 土地压力</td><td colspan="6">（1）历年土地供应量与分布</td></tr>
<tr><td>年份</td><td></td><td></td><td></td><td></td><td></td></tr>
<tr><td>土地出让量</td><td></td><td></td><td></td><td></td><td></td></tr>
<tr><td>区域 a</td><td></td><td></td><td></td><td></td><td></td></tr>
<tr><td>区域 b</td><td></td><td></td><td></td><td></td><td></td></tr>
<tr><td>区域 c</td><td></td><td></td><td></td><td></td><td></td></tr>
<tr><td>住宅销售量</td><td></td><td></td><td></td><td></td><td></td></tr>
<tr><td>区域 a</td><td></td><td></td><td></td><td></td><td></td></tr>
<tr><td>区域 b</td><td></td><td></td><td></td><td></td><td></td></tr>
<tr><td>区域 c</td><td></td><td></td><td></td><td></td><td></td></tr>
<tr><td colspan="6">（2）土地供应分布</td></tr>
<tr><td></td><td>时间</td><td>规模</td><td>容积率</td><td>价格</td><td></td></tr>
<tr><td>地块 1</td><td></td><td></td><td></td><td></td><td></td></tr>
<tr><td>地块 2</td><td></td><td></td><td></td><td></td><td></td></tr>
<tr><td colspan="6">（3）城市地产容积率分布</td></tr>
<tr><td rowspan="6">2. 发展商水平压力</td><td>年份</td><td></td><td></td><td></td><td></td><td></td></tr>
<tr><td rowspan="3">开发商级别</td><td>A 类发展商：全国知名</td><td></td><td></td><td></td><td></td></tr>
<tr><td>B 类发展商：本地优胜者</td><td></td><td></td><td></td><td></td></tr>
<tr><td>C 类发展商：本地前列</td><td></td><td></td><td></td><td></td></tr>
<tr><td colspan="2">商品房竣工面积</td><td></td><td></td><td></td><td></td></tr>
<tr><td colspan="6">城市的发展商在生意链上的长短处</td></tr>
<tr><td rowspan="5">终端趋势指标</td><td colspan="7">1. 品质提升的价格支持度</td></tr>
<tr><td colspan="7">2. 个案突出增幅指标</td></tr>
<tr><td>年份</td><td></td><td></td><td></td><td></td><td></td><td></td></tr>
<tr><td>个盘均价</td><td></td><td></td><td></td><td></td><td></td><td></td></tr>
<tr><td>个盘均价增幅</td><td></td><td></td><td></td><td></td><td></td><td></td></tr>
</table>

（五）市场风险指标

市场风险指标见表 1-2-8。

表 1-2-8　市场风险指标

房地产综合预警体系（量）					
项目	异常	基本正常	正常运行	基本正常	异常
1. 房地产开发投资额增幅	<-5%	-5%~5%	5%~15%	15%~25%	>25%
	适度投资有利于拉动经济增长，但增幅过高，将使供给过量，若无需求匹配，将导致供过于求				
2. 房地产开发投资/GDP	<0.05	0.05~0.1	0.1~0.14	0.14~0.2	>0.2
	反映房地产投资规模的基础指标，合理指标为 0.1~0.15				
3. 房地产开发投资/固定资产投资	<15	15~22	22~30	30~37	>37
	反映投资结构是否合理的基础性指标，发达国家的比例为 20%~25%				
4. 销售面积/竣工面积	<0.8	0.8~0.9	0.9~1.0	1.0~1.1	>1.1
	反映商品房供求是否平衡的指标				
5. 商品房销售额/房地产投资额	<0.8	0.8~0.9	0.9~1.0	1.0~1.1	>1.1
	反映房地产投入与产出的效益指标，表明房地产开发的总体效率				
年份					
房地产开发投资额					
房地产开发投资额增幅/亿元					
GDP					
房地产开发投资/GDP					
固定资产投资					
房地产开发投资/固定资产投资					
销售面积					
竣工面积					

表1-2-8(续)

销售面积/ 竣工面积					
商品房销售额					
商品房销售额/ 房地产投资额					
1. 供需比					
年份					
销售面积/ 竣工面积					
2. 房价增长支持预警					
年份					
商品房均价					
商品房均价增长率					
GDP 增长率					
商品房均价增长率/ GDP 增长率					
3. 房价收入比					
年份					
房价收入比					
4. 建设过量预警					
年份					
商品房施工面积					
商品房竣工面积					
商品房销售面积					
5. 空置率预警					
年份					
商品房空置面积					
商品房空置率					
R<5%：空置不足区					
5% <R<14%：空置合理区					
14% <R<20%：空置危险区					
R>20%：空置积压区					

三、各类物业市场调查表

（一）住宅物业

住宅物业项目调研表见表 1-2-9。

表 1-2-9　住宅物业项目调研表

调查人：

调查时间：　　年　月　日

基本信息	项目名称				售楼电话			
	位置	市　区　片　地址						
	工程进度	□±0 以下　□结构第　层　□封顶　□外装修　□接近完工　□已入伙						
	占地面积		建筑面积		商业面积		容积率	
	选房日期		开盘日期		竣工日期		入伙日期	
	开发商							
	物业公司				物业管理费			
	专业公司	建筑设计		园林设计		广告设计		
	建筑风格							
	规划设计	布局		交通组织		间距		
	园林景观							
	项目规模							
	分期情况	分期开发，目前第＿＿＿＿期						
	楼宇类型	□多层　□小高层　□高层　□别墅　□联排别墅　□其他：						
	停车位	总＿＿＿＿个，地上＿＿＿＿个，地下＿＿＿＿个，其他：						
	交房标准							
	设备设施							
	小区配套							
	市政配套							
	会所	功能及面积			装修档次			
	公共部位装修							
	新技术应用							
	竞争优势							
	其他概况							

户型概况	户型分类		面积	内部结构	设计特点	套数或比例	销售率	滞（畅）销及其原因
	平面	室　厅　卫						
		室　厅　卫						
		室　厅　卫						
	错层	室　厅　卫						
	跃式	室　厅　卫						
	复式	室　厅　卫						
	别墅	室　厅　卫						

表1-2-9（续）

<table>
<tr><td rowspan="7">销售概况</td><td rowspan="2">住宅</td><td>起价</td><td></td><td>均价</td><td></td><td>最高价</td><td></td><td>销售率</td><td></td></tr>
<tr><td>楼层差</td><td></td><td>朝向差</td><td></td><td>价格类型</td><td colspan="3">□毛坯 □带装修□其他：</td></tr>
<tr><td>商业裙楼</td><td>售价</td><td></td><td>租金</td><td></td><td>经营业态</td><td colspan="3"></td></tr>
<tr><td rowspan="3">客户群情况</td><td>年龄</td><td></td><td>家庭结构</td><td></td><td>消费偏好</td><td colspan="3"></td></tr>
<tr><td>成交周期</td><td></td><td>获知渠道</td><td></td><td>价格敏感性</td><td colspan="3"></td></tr>
<tr><td>其他</td><td colspan="7"></td></tr>
<tr><td>优势、劣势</td><td colspan="8"></td></tr>
<tr><td rowspan="12">营销推广</td><td colspan="3">形象定位</td><td colspan="6"></td></tr>
<tr><td colspan="3">推售节奏及类型</td><td colspan="6"></td></tr>
<tr><td colspan="3">各期核心卖点</td><td colspan="6"></td></tr>
<tr><td colspan="3">上门量、成单率</td><td colspan="6"></td></tr>
<tr><td colspan="3">卖场包装</td><td colspan="6"></td></tr>
<tr><td colspan="3">售楼处</td><td colspan="6"></td></tr>
<tr><td colspan="3">样板房及示范环境</td><td colspan="6"></td></tr>
<tr><td colspan="3">现场销售工具</td><td colspan="6"></td></tr>
<tr><td colspan="3">营销渠道</td><td colspan="6"></td></tr>
<tr><td colspan="3">各期推广主题</td><td colspan="6"></td></tr>
<tr><td colspan="3">促销措施</td><td colspan="6"></td></tr>
<tr><td colspan="3">销售代表专业水平</td><td colspan="6"></td></tr>
<tr><td rowspan="3">设计单位</td><td colspan="3">设计队伍情况</td><td colspan="6"></td></tr>
<tr><td colspan="3">代表性作品</td><td colspan="6"></td></tr>
<tr><td colspan="3">优势</td><td colspan="6"></td></tr>
<tr><td rowspan="2">成本</td><td colspan="3">成本判断（园林、建筑材料等）</td><td colspan="6"></td></tr>
<tr><td colspan="3">开发商经济测算的基准（相关表格要存档）</td><td colspan="6"></td></tr>
<tr><td>访谈观点</td><td colspan="9"></td></tr>
<tr><td>我们的评价</td><td colspan="9"></td></tr>
</table>

（二）商业物业

商业物业项目调研表见表1-2-10。

表 1-2-10　商业物业项目调研表

调查人：

调查时间：　　年　月　日

基本信息							
基本信息	项目名称						
	位　置	市　区　片　地址					
	工程进度	□±0 以下　□结构第层　□封顶　□外装修　□接近完工　□已入伙					
	占地面积		建筑面积		最小可售面积	容积率	
	发售日期		开盘日期		竣工日期	入伙日期	
	项目规模						
	商业类型	□临街商铺　□超市　□百货商场　□主题商场　□ 专业市场　□Mall　□其他：					
	停 车 位	总_____个，地上_____个，地下_____个，其他			车位费	元/次（或者元/月）	
	开发商						
	物业公司					物业管理费	
	代理商					售楼电话	
	周边环境						
	竞争优势						
	其他概况						

分层业态概况	楼层	每层面积	电梯占用率（直梯、扶梯）	商铺面积	套数	销售率	经营业态	营业方式
	负一层							□开敞式□柜台式□独立式
	首层							□开敞式□柜台式□独立式
	二层							□开敞式□柜台式□独立式
	三层							□开敞式□柜台式□独立式
	四层							□开敞式□柜台式□独立式
	五层							□开敞式□柜台式□独立式

街铺概况	总长度		铺位数量		层数及层高	
	开间		进深		门面/门头招牌	
	其他					

销售概况	销售（元/平方米）	价格类型	□毛坯 □带装修 □其他：				销售率	
		起价		均价		最高价		同层位差	
	出租（元/月）	价格类型	□毛坯 □带装修 □其他：				出租率	
		最低租金		平均租金		最高租金		同层位差	
	客户群情况								
	优势、劣势								

营销推广	形象定位	
	核心卖点	
	营销展示	
	售楼处	
	样板房	
	营销渠道	
	促销措施	
设计单位	设计队伍情况	
	代表性作品	
	优势	
成本	成本判断（园林、建筑材料等）	
	开发商经济测算的基准（相关表格要存档）	
访谈观点		
我们的评价		

（三）办公物业

办公物业项目调研表见表 1-2-11。

表 1-2-11　办公物业项目调研表

调查人：

调查时间：　　年　月　日

<table>
<tr><td rowspan="22">基本信息</td><td>项目名称</td><td colspan="5"></td><td>等级评定</td><td colspan="2"></td></tr>
<tr><td>位置</td><td colspan="8">市　区　片　地址</td></tr>
<tr><td>工程进度</td><td colspan="8">□±0 以下　□结构第层　□封顶　□外装修　□接近完工　□竣工</td></tr>
<tr><td>占地面积</td><td></td><td>建筑面积</td><td colspan="2"></td><td>使用年限</td><td colspan="3"></td></tr>
<tr><td>总栋数</td><td></td><td>建筑层数</td><td></td><td>建筑层高</td><td></td><td>过道宽敞度</td><td></td><td>过道采光度</td></tr>
<tr><td>停车位</td><td colspan="3">总__________个，地上
__________个，地下
__________个，其他：</td><td>车位费</td><td colspan="4">元/次（或者　元/月）</td></tr>
<tr><td>发售日期</td><td colspan="3"></td><td>竣工日期</td><td colspan="4"></td></tr>
<tr><td>物业公司</td><td colspan="3"></td><td>物管费</td><td colspan="4"></td></tr>
<tr><td>代理商</td><td colspan="3"></td><td>售楼电话</td><td colspan="4"></td></tr>
<tr><td>开发商</td><td colspan="3"></td><td></td><td colspan="4"></td></tr>
<tr><td rowspan="2">专业公司</td><td>建筑规划设计</td><td colspan="2"></td><td>景观设计</td><td colspan="4"></td></tr>
<tr><td>室内装饰设计</td><td colspan="2"></td><td>广告设计</td><td colspan="4"></td></tr>
<tr><td>规划景观特色</td><td colspan="8"></td></tr>
<tr><td>设备设施</td><td colspan="8">□中央空调　□分体空调　□空调品牌　□电梯数量及品牌　□扶梯数量及品牌
□自动喷淋　□烟感报警　□宽频网络　□智能系统　□监控系统</td></tr>
<tr><td>大堂情况</td><td>面积</td><td></td><td>高度/挑空</td><td></td><td>装修情况</td><td colspan="3"></td></tr>
<tr><td>电梯间</td><td>面积</td><td></td><td>特色</td><td></td><td>装修情况</td><td colspan="3"></td></tr>
<tr><td rowspan="3">材料标准及装修状况</td><td>前广场</td><td colspan="3"></td><td>入口</td><td colspan="3"></td></tr>
<tr><td>外立面</td><td colspan="3"></td><td>卫生间</td><td colspan="3"></td></tr>
<tr><td>门窗</td><td colspan="3"></td><td>走道</td><td colspan="3"></td></tr>
<tr><td>周边环境</td><td colspan="8"></td></tr>
<tr><td>竞争优势</td><td colspan="8"></td></tr>
<tr><td>其他概况</td><td colspan="8"></td></tr>
</table>

表1-2-11（续）

	楼宇名称	起始楼层	终止楼层	功能描述	每层面积	单位数	每层电梯数量
分层楼宇信息				□商场□写字楼□公寓 □避难层□设备层□会所			
				□商场□写字楼□公寓 □避难层□设备层□会所			
				□商场□写字楼□公寓 □避难层□设备层□会所			
				□商场□写字楼□公寓 □避难层□设备层□会所			

租售概况	销售（元/平方米）	价格类型	□毛坯 □带装修 □其他：				销售率	
		起价		均价		最高价		同层位差	
	出租（元/月）	价格类型	□毛坯 □带装修 □其他：				出租率	
		最低租金		平均租金		最高租金		同层位差	
	客户群情况及买/租面积	领袖客户特征			购买/租赁面积及价格			
		其他客户特征			购买/租赁面积及价格			

营销推广	形象定位	
	核心卖点	
	推广主题	
	卖场包装	
	售楼处及示范环境	
	现场销售工具	
	促销措施	
	销售代表专业水平	
设计单位	设计队伍情况	
	代表性作品	
	优势	
成本	成本判断（园林、建筑材料等）	
	开发商经济测算的基准（相关表格要存档）	
访谈观点		
我们的评价		

［案例小结］

以上调研表格中除了对实际项目的调研表需要通过实地调研、问卷调研、访谈等方式获取一手资料之外，其余的数据主要基于宏观的二手数据。这些宏观数据的来源有国家统计年鉴、国民经济和社会发展统计公报、人口统计公报、城市统计年鉴、城市房地产统计年鉴、城市旅游统计年鉴、行业报告、房地产行业网站、城市住房建设规划、城市发展总体规划、城市土地利用总体规划、城市经济社会发展规划、专业咨询机构等。专业机构和人员在开展调研活动时，可根据项目的实际情况，设计更贴合实际的表格。

［思考题］

（1）如何选择目标市场？

（2）如何选择被调查的样本？

（3）市场细分的依据、标准和程序是什么？

第二篇
可行性研究及项目决策阶段

案例一

重庆某项目投资分析报告

［案例综述］

本房地产开发项目位于巴滨路上，为南岸商圈与巴南商圈交汇之地，由重庆两家房地产开发公司合作开发。本项目地处江南新城的核心位置，位于南岸区与巴南区交汇处，同时拥有最丰富的江景资源——长江。本项目周边生活配套和商业配套齐全，横跨五区大型商圈，周边交通便利。

本投资分析报告简洁明了、图文并茂，使用了大量的图表及调研数据，同时加入了传统的 SWOT 分析。区域市场分析是本报告的亮点，本投资分析报告分析了近年来巴南区房地产市场的供给量和需求量、土地市场成交情况、对竞争性产品的调查情况等内容。项目投资分析部分对本项目的定价进行了测算，对项目总投资、销售收入等进行了测算，编制了项目开发与销售计划表、项目现金流量表、资金使用计划表及资金回收计划表。测算的数据有据可依，可读性强。

［案例全文］

一、项目区位属性

本项目位于巴滨路上，为南岸商圈与巴南商圈交汇之地。

本项目占地 190 亩，分为四期开发。其中，二期占地 50 亩，建筑面积约为 20 万平方米。

本项目位于江南新城区域。江南新城包括长江以南的巴南区和南岸区二环以内的全部区域，面积约为 775 平方千米。

随着重庆向南发展的趋势越来越明显，包括协信地产、华宇集团、融汇地产、恒大地产、蓝光地产、宗申产业集团、远洋地产、保利地产、龙湖地产等在内的各大房地产商纷纷涌入江南新城。

二、项目本体属性分析

（一）项目一期概况

本项目地点为巴南区李家沱-鱼洞组团C分区C-3-1-1/03、C-4-8-2/03、C-4-8-1/03号宗地。本项目一期开发基本情况见表2-1-1。

表2-1-1　本项目一期开发基本情况

开发单位	重庆A房地产开发有限公司
项目性质	新建综合用地
土地面积	出让33 853平方米（占地约70亩、用地约50.78亩），划拨53 333.6平方米（约80亩）
总建筑面积	地上85 000平方米（商业住宅各50%） 地下35 000平方米（商业15 000平方米，车库20 000平方米）
容积率	2.5
绿化率	30%
土地价值	2.2亿元，目前已取得四证
楼面地价	2 094元/平方米
土地单价	349（万元/亩）
项目建设开工时间	2013年10月30日之前开工，竣工时间2015年12月30日
目前资金投入情况	支付宗地定金4 000万元

（二）项目二期概况

（1）项目地点：巴南区李家沱-鱼洞组团C分区C-2-2-2/04、C-2-4/04、C-2-1/04号宗地。

（2）项目性质：新建综合。

（3）土地面积：规划用地面积62 100平方米。

（4）总建筑面积：250 041平方米。

（5）容积率：2.8~4（拟3.5）。

（6）建筑密度：≤35%。

（7）绿化率：≥35%。

（8）限高：≤100米。

三、项目的SWOT分析

（一）优势

（1）区位优势。巴南区为重庆外拓的重点发展区域，本项目所在板块也是巴南区未来重点打造的区域，发展前景较好，升值空间较大。

（2）环境优势。本项目位于巴南区滨江沿线，周边将建设生态湿地公园，具有良好的江景资源和自然资源。

（3）交通优势。巴滨路连接南滨路，紧邻李家沱长江大桥、内环高速，可快速抵达主城区。规划中的大桥从项目地块直通九龙坡区。

（4）项目优势。本项目将与政府联合打造具有巴蜀文化特色的二十余个博物馆，这将提升项目的文化内涵，提高项目的议价能力。

（5）项目优势。本项目一期的开发将为项目带来一定的人流量，为项目注入活力，酒店的规划也将为本项目带来新的机会。本项目规划有大量商业，而即便是自持商业，也能够将其抵押给银行，提高资金利用率，增强资金的流动性。

（二）劣势

（1）区域位置。本项目位于巴南区滨江路，远离主城区中心地带，生活配套不完善。

（2）交通压力。目前，本项目周边的交通条件还不成熟，公共交通不便利。

（3）周边区域发展不成熟。李家沱组团是新近开发的，目前其商业住宅所需配套不是很完善，并且李家沱的居住环境有待进一步的优化。

（4）本项目的对面是九龙发电厂，这在一定程度上影响了项目环境。

（三）机会

（1）品牌打造。本项目为目前重庆市场少有的滨江项目，对公司在重庆树立品牌形象有着重要的意义。

（2）消费提升。本项目紧挨李家沱三角碑区域，可以带动消费，促进经济增长。

（3）功能改变。政府重点打造该片区，这将会带来产业商机。

（4）政府支持。李家沱片区是政府重点建设区域，将获得各种优惠条件的支持。本项目的定位为文化产业项目，将会得到文化部门的资金和政策支持。

（5）项目优势。本项目临江地块的容积率为2.8，适宜打造滨江板块中高端品质社区；本项目位于江景头排区域，以山地背景为景观资源，这将为本项目的价值提升提供足够动力。

（四）威胁

（1）调控性的政策陆续出台，楼市将受到严重影响。

（2）巴南区房地产市场未来投放量较大，竞争激烈。

四、区域市场分析

（一）巴南区房地产市场解读

2008—2013年，巴南区整体房地产市场保持供需平衡，价格同比上涨，整体市场表现平稳。受市场行情上行的影响，巴南区2013年的供应量大幅增加，未来竞争压力加大（见图2-1-1）。

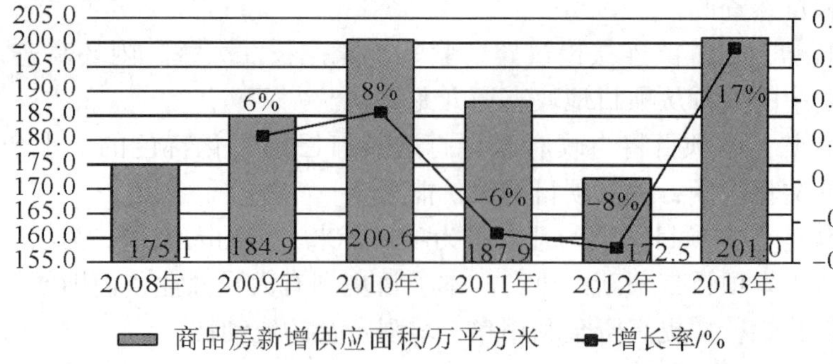

图 2-1-1　2008—2013 年巴南区商品房新增供应面积

从商品房成交面积看，其 2012 年有较大幅度的增长，2013 年也在保持稳定增长（见图 2-1-2）。

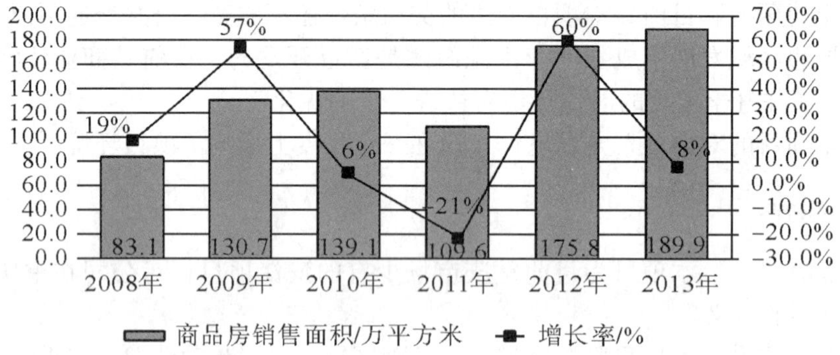

图 2-1-2　2008—2013 年巴南区商品房成交面积

图 2-1-3 为 2008—2013 年巴南区商品房销售均价。

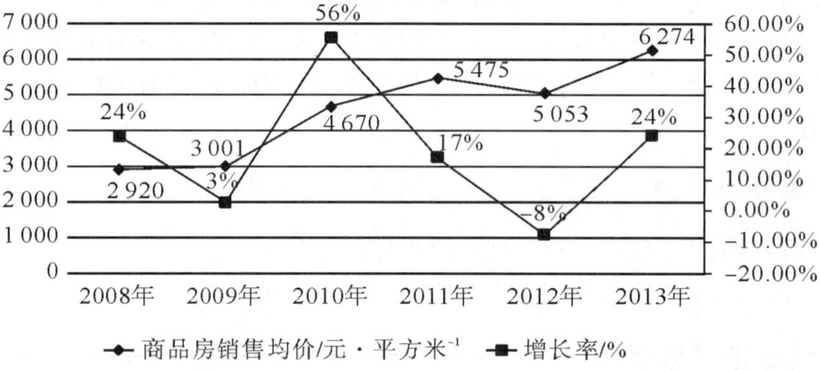

图 2-1-3　2008—2013 年巴南区商品房销售均价

2013 年，巴南区的新增供应面积大幅上涨，达到了 2010 年的新增供应量。

2013 年，巴南区的商品房成交面积略微上涨，但上涨幅度下降。

2008—2013 年，巴南区商品房成交均价保持稳步上涨。

2011 年、2012 年巴南区商品房新增供应面积持续下滑，2013 年出现大幅度增长。2013 年，商品房新增供应量达到 201 万平方米，同比增长 17%；2008—2013 年，巴南区年均商品房新增供应面积为 187 万平方米，年均增长率为 3. 12%。

2008—2013 年，巴南区商品房成交面积呈现锯齿状增长。2013 年，巴南区商品房成交面积为 189.9 万平方米，同比增长 8%；2008—2013 年，巴南区年均商品房成交面积为 138 万平方米，年均增长率为 21.6%。

2008—2013 年，巴南区商品房成交均价整体上扬，年均增长率为 19.32%。

（二）巴南区土地市场解读

随着城市发展速度加快，外拓的趋势更加明显。2013 年，巴南区的土地成交量是 2012 年的 2.7 倍，区域发展速度加快。图 2-1-4 为 2011—2013 年巴南区房地产开发用地成交情况。

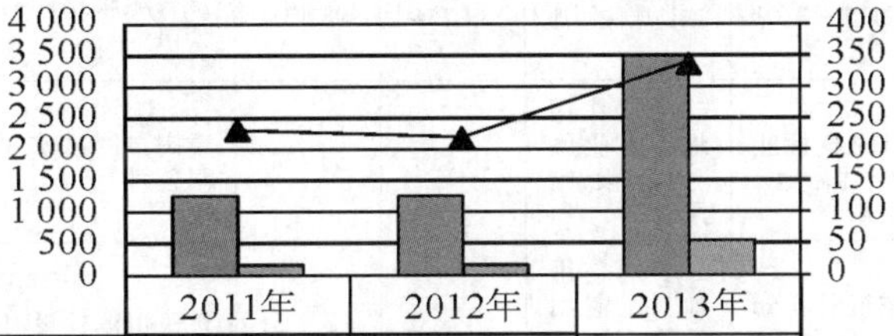

	2011年	2012年	2013年
用地面积/亩	1 259	1 279	3 504
可建面积/万平方米	166	166	551
土地单价/万元·亩$^{-1}$	233	220	340

图 2-1-4　2011—2013 年巴南区房地产开发用地成交情况

轨道 3 号线的贯通，缩短了巴南区与主城各区的距离，巴南区的区域价值得到大幅提升，受到众多开发商的关注。从表 2-1-2 可知，2013 年巴南区成交土地面积为 3 504 亩，同比增长 174%；成交的土地单价为 340 万元/亩，较 2012 年增长 54.5%；成交土地可建设面积为 551 万平方米，是 2012 年的 3.32 倍。

表 2-1-2　2012 年及 2013 年重庆市区及渝北区、南岸区、巴南区成交土地面积

区域	排名	2013 年成交土地面积/亩	2012 年成交土地面积/亩	同比涨幅	2013 年成交土地主城占比/%	2013 年成交土地可建设面积/万平方米
重庆市区		30 691	21 612	42%	100	4 716
渝北区	1	6 444	3 362	92%	21	789
南岸区	2	4 297	579	642%	14	662
巴南区	3	3 504	1 279	174%	11	551

（三）巴南区土地市场成交情况

表 2-1-3 为 2012—2013 年巴南区土地市场成交情况。

表 2-1-3　2012—2013 年巴南区土地市场成交情况

土地位置	用途	土地面积/平方米	建筑规模/平方米	竞得单位	竞得时间	楼面单价/元	容积率
巴南区李家沱-鱼洞组团花溪工业园分区 H1-2/02 地块	非市属办公用地、商业用地	8 185	24 555	典雅地产	2012 年 1 月 31 日	1 746	3.0
巴南区南温泉组团 A09-1/01、A09-3/02 地块	游乐用地、商业用地	15 088	16 475	重庆绿谷开发建设有限公司	2012 年 8 月 13 日	2 434	1.1
巴南区南温泉组团 A13-3/02、A13-4/02 地块	旅馆业用地、商业用地	12 722	6 491	重庆绿谷开发建设有限公司	2012 年 8 月 13 日	5 048	0.5
巴南区界石组团 T 分区 11-4/01 号地块	二类居住用地	13 343	33 357	重庆厚煌实业有限公司	2012 年 8 月 23 日	1 810	2.5
巴南区李家沱组团龙洲湾 M 分区 M15-3/01 地块	二类居住用地	39 254	98 135	重庆斌鑫集团有限公司	2012 年 9 月 20 日	1 450	2.5
巴南区鱼洞组团 O 标准分区 O28-8/03 号宗地	二类居住用地、商业服务业设施用地	16 818	50 454	重庆市图晟实业有限公司	2012 年 9 月 27 日	1 297	3.0
巴南区李家沱组团 B 分区 B3-3/03、IK 分区 K10-4/02 号	二类居住用地、住宅用地兼容服务设施用地和商业用地	84 277	154 926	重庆恒滨建设（集团）有限公司	2012 年 12 月 6 日	1 798	1.8
巴南区李家沱鱼洞组团龙洲湾 M 分区 M15-4/01 地块	二类居住用地	33 233	83 083	天联地产	2012 年 12 月 21 日	2 142	2.5
巴南区李家沱-鱼洞组团 F、J 分区 F5-2/03 号宗地	二类居住用地	17 919	32 254	重庆渝开发股份有限公司	2012 年 4 月 23 日	1 582	1.8
巴南区李家沱-鱼洞组团巴南 B 分区 B5-3-1/04 号宗地	二类居住用地	112 876	282 190	重庆融科智地房地产开发有限公司	2013 年 1 月 9 日	1 551	2.5
巴南区李家沱组团 I、K 标准分区 I04-3/01、I04-2/01、I04-10/01、I04-11/01、I04-4/01、I04-5/01、I04-6/01、I06-3/01 地块	一类居住用地、二类居住用地、零售商业用地、商业用地、商务用地	195 749	388 630	典雅地产	2013 年 3 月 25 日	1 697	2.0
巴南区李家沱组团 IK 分区 K13-5/03 号宗地	住宅用地兼容服务设施用地	27 108	48 794	祥和房地产有限公司	2013 年 5 月 3 日	1 800	1.8
巴南区鱼洞组团 A 标准分区 A13-2-1/03、A13-2-2/03、A15-3-1/01、A15-4/03、A13-3/03、A11-1-11/05 号宗地	一类居住、二类居住、商业用地、商务用地、广场用地	84 959	170 835	重庆浩博实业（集团）有限公司	2013 年 1 月 25 日	2 489	2.0
巴南区南温泉组团 A11-1/02、A06-2/01 地块	旅馆业用地、商业用地	12 678	7 088	重庆绿谷公司	2013 年 6 月 6 日	4 670	0.6
巴南区李家沱-鱼洞组团 C 分区 C-3-1-1/03、C-4-8-2/03、C-4-8-1/03 号宗地	商业用地、商务用地、二类居住用地	33 853	84 633	重庆赵李房地产有限公司	2013 年 6 月 19 日	2 599	2.5
巴南区界石组团 T17-1/03 号宗地	商业用地、商务用地、二类居住用地	21 076	59 012	重庆新界点置业有限公司	2013 年 6 月 27 日	1 490	2.8
巴南区界石组团 G 分区 G2-1/01、G1-4/01 号宗地	市场用地	25 113	27 624	重庆纬信置业有限公司	2013 年 2 月 4 日	2 400	1.1

表2-1-3(续)

土地位置	用途	土地面积/平方米	建筑规模/平方米	竞得单位	竞得时间	楼面单价/元	容积率
巴南区李家沱-李家沱组团G、L标准分区G1-5/03、G5-2/02、G5-3/03宗地	二类居住用地、商业用地、商务用地	179 543	402 543	重庆珠江实业有限公司	2013年7月16日	2 046	2.2
巴南区李家沱-李家沱组团G、L标准分区G2-2/03、G3-3/03、G1-4/04宗地	二类居住用地、商业用地、商务用地、娱乐康体用地	226 477	499 745	重庆珠江实业有限公司	2013年7月16日	2 004	2.2
巴南区李家沱-鱼洞组团B标准分区B16-1/03、B17-1/02、B18-3/02宗地	商业用地、二类居住用地	202 916	387 682	广州招商地产	2013年7月16日	2 812	1.9
巴南区李家沱-鱼洞组团B标准分区B12-3/02、B12-5/02宗地	商业用地、二类居住用地	31 540	97 825	恒大地产	2013年7月16日	2 249	3.1
巴南区李家沱组团Q分区Q03-1-1/02、Q03-1-2/02、Q03-2/02号宗地	商业用地、商务用地、二类居住用地	192 391	639 073	旭辉地产	2013年7月24日	2 975	3.3
巴南区鹿角组团M分区M11-2、M13/02、M14/02、M15/02号宗地	二类居住用地	141 852	283 704	融创地产	2013年7月29日	2 000	2.0
巴南区界石组团M分区M11-1/02号宗地	商业用地	16 132	40 330	融创地产	2013年8月29日	2 000	2.5
巴南区界石组团M分区M02/02、M05-1/02、M06/02、M10-1/02号宗地	二类居住用地	132 005	228 263	融创地产	2013年8月29日	1 999	1.7
巴南区界石组团M分区M03/02、M04/02、M07-1/02、M07-2/02、M08-1/02、M08-2/02号宗地	二类居住、商业用地	179 938	354 246	融创地产	2013年8月29日	1 999	2.0
巴南区界石组团T分区T03-3/02、T03-4/02号宗地	商业用地、商务用地	96 670	212 673	重庆龙江置地有限公司	2013年9月29日	1 113	2.2
巴南区巴南民主工贸园区组团D分区D1-2/04、D3-1/04号宗地	二类居住用地	79 050	143 787	重庆天联置业有限公司	2013年10月16日	2 610	1.8
巴南区李家沱组团D分区D3-3/03号宗地	二类居住用地、商业用地、商务用地	14 622	21 933		2013年12月13日	2 201	1.5

表2-1-4为2012—2013年巴南区土地成交情况。

表2-1-4　2012—2013年巴南区土地成交情况

呈现项目	土地位置	用途	土地面积/平方米	建筑规模/平方米	竞得单位	竞得时间	楼面单价/元	容积率
保利林语溪	巴南区李家沱组团D分区D2-2-1/03、D2-2-2/03、D2-3/04、D2-4/03、D3-1/04号宗地	二类居住用地、商业用地和商务用地、住宅用地	61 123	142 024	保利地产	2012年12月14日	3 244	2.3
长江国际原墅	巴南区李家沱组团N分区N03-1/01宗地	一类居住用地	144 130	151 337	重庆嘉道房地产开发有限公司	2012年9月27日	1 850	1.1

表2-1-4(续)

呈现项目	土地位置	用途	土地面积/平方米	建筑规模/平方米	竞得单位	竞得时间	楼面单价/元	容积率
长江国际原墅	巴南区李家沱组团N分区N01-1/03、N02-1-1/04、N02-1-2/03号宗地	一类居住用地、二类居住用地	167 812	176 203	重庆嘉道房地产开发有限公司	2012年9月27日	1 850	1.1
佳兆业广场	巴南区李家沱-鱼洞组团龙洲湾M分区M10-1/02、M11-1-1/02号宗地	商业用地、商务用地兼容二类居住用地	84 980	294 730	重庆深联投资有限公司	2012年10月18日	1 161	3.5
凯川紫依云	巴南区李家沱鱼洞组团龙洲湾M分区M17-2/02地块	二类居住用地	58 270	145 675	重庆凯茂房地产开发有限公司	2012年10月19日	1 448	2.5
越昕晖	巴南区李家沱组团B分区B01-1/02地块	二类居住用地	95 520	248 800	重庆昕晖房地产开发有限公司	2012年7月16日	1 224	2.6
巴南万达广场	巴南区李家沱组团Q分区Q05-1/02号宗地	商业用地、商务用地、二类居住用地、娱乐康体用地	200 004	800 000	万达地产	2013年8月23日	2 010	4.0
东原桐麓	巴南区李家沱组团D分区D2-8/05、D2-13/06号宗地	二类居住用地	63 745	130 303	东原地产	2013年6月27日	3 107	2.0
中昂锦绣	巴南区鱼洞组团P分区P03-19/01号宗地	二类居住用地	65 434	196 302	重庆中昂地产有限公司	2013年6月27日	1 915	3.0

（四）巴南区土地市场解读

（1）重庆市中心区域土地资源稀缺。2013年，重庆市外拓发展的趋势明显，巴南区成为未来发展的重点区域之一。

（2）2013年，巴南区商品房的供应面积为201.0万平方米，成交面积为189.9万平方米，整体去化率为94%，呈现出供大于求的局面。

（3）2012—2013年，巴南区有大量的土地供应面积，使得未来区域的竞争压力逐渐凸显。

（4）根据土地开发节奏估算，未来1—2年入市的新项目的可建设面积将达到717万平方米。

五、项目投资分析

（一）项目入市价格预估

（1）方法说明：根据周边项目市场价格预估。

（2）项目选取原则：①与本项目同区域、同档次、同品质；②产品类型与本项目类似可比。

（3）通过对本项目周边住宅和商业进行调查，相关结果可见表2-1-5、表2-1-6和表2-1-7。

表 2-1-5　周边住宅调查

物业类型	项目	占地面积/平方米	建筑面积/平方米	容积率	绿化率/%	建筑类别	套内区间	套内均价/元	折合建面均价/元
住宅	上丁跃世界	7 248	18 063	2. 07	30. 52	高层（跃）	58-75	8 000	6 800
	融汇江山	104 274	290 826	2	30	小高层、高层、别墅	高层 70-114	7 800	6 630
	融汇半岛艾德公馆	44 622	143 000	3	31	高层	75-110	6 500	5 525
	融汇半岛玫瑰公馆（精装）	74 792	242 251	3	30	高层	80-100	7 500	6 375
	融汇半岛格林美地	114 654	290 016	2. 09	32	高层	48-64	7 700	6 545
	曦圆青岗湾	59 456	94 449	3	30	高层	41-60	7 750	6 588
	宗申金蓝湾	285 130	128 158	1. 69	35	别墅、洋房、高层	69-99	7 300	6 205
	巴比亚半山	146 740	400 000	2. 39	35	多层小高层、高层	39-69	7 300	6 205
	尚美时代	12 588	75 082	5. 2	25	高层	40-60	7 600	6 460
	保利林语溪	62 000	200 000	2. 3	32	洋房、高层、精装公寓、商业	58-85	—	9 000

表 2-1-6　周边商业售价调查

物业类型	板块	项目	面积/平方米	销售总价/万元	销售单价/元
商业	李家沱	恒大城	95	190	18 050
			242	308	10 777
			95	190	18 050
			72	130	16 106

表 2-1-7　周边商业租金调查

物业类型	板块	项目	面积/平方米	租金/元·A^{-1}	租金/元·平方米
商业	李家沱	恒大城	210	6 300	30
			130	4 550	35
			283	16 980	60
			110	3 850	35
		李家沱周边商铺	23	2 600	113
			40	2 300	58
			185	8 300	45
			520	12 000	23
			44	2 500	57
			14	1 800	129
			80	1 200	15
			13	4 000	308
			60	2 400	40
			15	500	33
			45	3 200	71

据不完全统计，项目周边住宅均价为 6 585 元/平方米，商业均价为 15 750 元/平方米。

通过测算，建议住宅入市建面均价为 6 585×（1+33%）≈8 760（元/平方米）。

建议商业入市建面均价为 15 750×（1+33%）≈21 000（元/平方米）。

最终开盘价及开盘均价根据市场情况及储客情况制定，此价格只作参考。

（二）巴滨路项目经济指标

本项目技术经济指标情况见表2-1-8。

表2-1-8　本项目技术经济指标情况

项目	计量单位	C-2-4/04	C-2-1/04	C-2-2-2/04	合计数值	备注
总用地面积	平方米				0	0亩
建设用地面积	平方米	11 700	29 500	20 900	62 100	93.15亩
总建筑面积（含地下层面积）	平方米	41 440	103 660	104 940	250 041	
一、按功能性质划分						
（1）住宅建筑面积	平方米	19 656	49 560	50 160	119 376	
（2）商业建筑面积	平方米	12 654	32 290	32 840	77 785	
（3）配套建筑面积	平方米	450	750	600	1 800	
（4）地下车库面积	平方米	7 980	20 160	20 440	48 580	
（5）地下设备用房	平方米	700	900	900	2 500	
二、按地上地下部分划分						
（1）地上建筑面积	平方米	32 760	82 600	83 600	198 961	
（2）地下建筑面积	平方米	8 680	21 060	21 340	51 080	
停车泊位	辆	284	719	730	1 003	
①地面	辆	56	143	146	345	
②地下	辆	228	576	584	1 388	
容积率		2.8	2.8	4	3.2	
建筑密度	%	35	35	35	35	
绿地率	%	40	40	40	40	

本项目总投资测算见表2-1-9。

表2-1-9　本项目总投资测算

序号	费用名称	面积/平方米	单价/元	金额/万元	占总投资的比例/%	备注
1	土地费用	198 961	3 306	65 775	41.82	
1.1	土地成交价	198 961	3 200	63 668		
1.2	土地契税	198 961	106	2 108		
2	前期手续费	245 741	112	2 750	1.75	
3	基础设施建设费用	245 741	323	7 927	5.04	
3.1	供电工程	250 041	100	2 500		
3.2	供水工程	250 041	35	875		
3.3	供气工程	119 376	30	358		

表2-1-9(续)

序号	费用名称	面积/平方米	单价/元	金额/万元	占总投资的比例/%	备注
3.4	小区智能化工程	250 041	20	500		
3.5	数字电视及通信	250 041	12	300		
3.6	排污工程（生化池等）	250 041	15	375		
3.7	路灯及灯饰工程	250 041	10	250		
3.8	小区内道路及环境工程	250 041	81	2 018	标准：500	
3.9	“三通一平”费用	250 041	30	750		
4	建筑安装工程费用	245 741	1 742	42 817	27.23	
4.1	住宅用房	119 376	1 600	19 100		
4.2	商业用房	77 785	1 800	14 001		
4.3	地下车库	48 580	2 000	9 716		
5	公共配套设施建设费	4 300	1 616	695	0.44	
5.1	地下设备用房	2 500	1 700	425		
5.2	其他公共建设配套用房	1 800	1 500	270		
6	间接费用	245 741	1 114	27 387	17.41	
6.1	项目管理费	245 741	63	1 543		3%
6.2	财务费用	245 741	833	20 469		
6.3	营销费用	245 741	219	5 375		3%
7	开发期税费	245 741	330	8 118	5.16	
7.1	城市建设配套费	227 414	290	6 595		
7.2	人防易地建设费	227 414	45	1 023		
7.3	其他税费	250 041	20	500		
8	不可预见费	250 041	72	1 794	1.14	2%
成本合计分摊	按总建筑面积折算	250 041	6 290	157 265	100.00	
	按总可售面积折算	245 741	6 400			
	按地上可售面积折算	197 161	7 976			

本项目开发计划见表2-1-10。

表2-1-10 本项目开发计划

建设项目开发计划表															
序号	项目工作内容	耗时/月	2014年				2015年				2016年				2017年
			一季度(1—3月)	二季度(4—6月)	三季度(7—9月)	四季度(10—12月)	一季度(1—3月)	二季度(4—6月)	三季度(7—9月)	四季度(10—12月)	一季度(1—3月)	二季度(4—6月)	三季度(7—9月)	四季度(10—12月)	一季度(1—3月)
1	手续办理	2	━												
2	方案设计及规划报批	3		━											
3	施工图设计及报建	9	━	━	━										
4	基础及地下室施工	4				━	━								
5	地上主体结构施工	6					━	━							
6	设备安装及环境施工	6					━	━	━	━					

本项目销售计划见表 2-1-11。

表 2-1-11　本项目销售计划

序号	销售比例 物业类型	销售面积 /平方米	2015 年				2016 年				2017 年	合计
			一季度（1—3 月）	二季度（4—6 月）	三季度（7—9 月）	四季度（10—12 月）	一季度（1—3 月）	二季度（4—6 月）	三季度（7—9 月）	四季度（10—12 月）	一季度（1—3 月）	
1	住宅用房销售	119 376		40%	20%	10%	10%	5%	5%	5%	5%	100%
2	商业用房销售	77 785		20%	10%	10%	5%	5%	10%	5%	6%	71%
3	地下车库销售	48 580					10%	10%	10%	10%	10%	50%

本项目销售收入测算见表 2-1-12。

表 2-1-12　本项目销售收入测算

序号	项目名称	销售收入合计/万元	2015 年			2016 年				2017 年
			二季度	三季度	四季度	一季度	二季度	三季度	四季度	一季度
1	住宅用房	89 532	35 813	17 906	8 953	8 953	4 477	4 477	4 477	4 477
1.1	销售单价/元	8 760	7 500	7 500	7 500	7 500	7 500	7 500	7 500	7 500
1.2	销售面积/平方米	119 376	47 750	23 875	11 938	11 938	5 969	5 969	5 969	5 969
2	商业用房	82 841	23 336	11 668	11 668	5 834	5 834	11 668	5 834	7 001
2.1	销售单价/元	21 000	15 000	15 000	15 000	15 000	15 000	15 000	15 000	15 000
2.2	销售面积/平方米	55 227	15 557	7 778	7 778	3 889	3 889	7 778	3 889	4 667
3	地下车库	6 801	0	0	0	0	1 700	1 700	1 700	1 700
4	签约金额/万元	179 174	59 148	29 574	20 621	14 787	12 011	17 845	12 011	13 178
5	回款金额/万元	179 174	17 744	50 276	26 888	18 871	13 954	13 761	16 094	21 585
6	面积合计/平方米	194 035	63 307	31 654	19 716	15 827	14 716	18 605	14 716	15 494
7	营业税金及附加①	10 034	994	2 815	1 506	1 057	781	771	901	1 209
8	土地增值税	4 928	1 533	767	587	383	353	557	353	394

注：①“营业税金及附加”科目于 2016 年 5 月 1 日调整到“税金及附加”科目，下同。

本项目现金流量情况见表 2-1-13。

表 2-1-13　本项目现金流量情况

序号	项目	合计	2014 年				2015 年				2016 年				2017 年
			一季度	二季度	三季度	四季度	一季度	二季度	三季度	四季度	一季度	二季度	三季度	四季度	一季度
1	现金流入	282 674	68 000	2 000	3 000	15 000	12 500	20 744	50 276	26 888	18 871	13 954	13 761	16 094	21 585
1.1	销售回款	179 174	0	0	0	0	0	17 744	50 276	26 888	18 871	13 954	13 761	16 094	21 585
1.2	自筹资金	68 000	68 000												
1.3	银行贷款	35 500		2 000	3 000	15 000	12 500	3 000							
2	现金流出	207 727	67 879	1 944	2 556	15 437	12 412	20 777	44 727	27 072	22 950	14 067	12 964	16 457	16 484
2.1	建设投资	157 265	67 879	1 944	2 556	15 437	12 412	18 251	13 145	9 979	9 010	2 933	1 636	1 203	881
2.2	营业税金及附加	10 034						994	2 815	1 506	1 057	781	771	901	1 209
2.3	土地增值税	4 928						1 533	767	587	383	353	557	353	394
2.4	偿还贷款	35 500	0	0	0	0	0	0	5 000	15 000	12 500	3 000	0	0	0
2.5	偿还自筹资金	68 000							23 000			7 000	10 000	14 000	14 000
3	税前净现金流量	6 948	121	56	444	−437	88	−33	5 550	−184	−4 079	−113	797	−363	5 101
4	累计税前净现金流量	6 948	121	177	621	184	272	239	5 789	5 605	1 526	1 413	2 210	1 847	6 948
5	所得税	1 609	0	0	0	0	0	0	720	165	65	0	0	196	463
6	税后净现金流量	5 339	121	56	444	−437	88	−33	4 830	−349	−4 144	−113	797	−559	4 638
7	累计税后净现金流量	5 339	121	177	621	184	272	239	5 069	4 720	576	463	1 260	701	5 339

本项目资金计划见表 2-1-14。

表 2-1-14　本项目资金计划

开发周期 资金计划	保证金	揭牌公示	拿证契税	贷款	销售认筹	开盘回款	销售回款	销售回款	销售回款
3 年	2014 年					2015 年		2016 年	2017 年
	3 月 20 日	4 月 20 日	5 月 20 日	8 月 20 日	11 月 30 日—12 月 30 日	（含 1—5 月认筹款）6 月 20 日	12 月 20 日	12 月 31 日	3 月 20 日
共计投入 14.75 亿元	支出 0.5 亿元	支出 3.5 亿元	支出 600 万元	贷款可回收 5 亿元/2.5 亿元（房开持有）	认筹 2 亿元/1 亿元（房开持有）	8 亿元/4 亿元（房开持有）	2 亿元/1 亿元（房开持有）	7 亿元/3.5 亿元（房开持有）	2 亿元/1 亿元（房开持有）

［案例小结］

本投资分析报告由开发公司自己的团队完成，因此报告内容十分简洁，只摘录了投资者最关心的技术经济指标及数据的测算，让投资者对项目的整体情况一目了然。

［思考题］

（1）房地产开发项目总投资由哪些费用项目构成？

（2）房地产投资的经济效果评价由哪些计算指标构成？

案例二　重庆酉阳某旅游开发项目可行性研究报告

［案例综述］

本可行性研究报告以重庆酉阳某旅游开发项目为例，包括项目的基本情况，项目建设的背景及必要性，旅游市场分析，项目建设内容与规模，项目建设地址及建设条件，项目规划方案，项目建设方案，环保、消防及安全，组织机构与人力资源配置，项目实施进度及招投标方案，投资估算与资金筹措，经济效益评价，社会效益分析等内容。因为报告篇幅较长，书中便略去了其中的一些文字以及报告的相关附表。本可行性研究报告中比较核心的内容是项目的财务评价部分，也就是投资估算及经济效益评价。旅游房地产开发的风险首先源于土地的获得。房地产开发往往涉及土地的征用，因此地方政府和民众的配合尤为重要；其次就是整个旅游产品的设计和运营，包括旅游线路的规划及资金运作以及如何保持长期的运营。对于很多落后地区而言，开发旅游房地产可以拉动地方经济增长，但也要注意保护好自然环境和资源。

［案例全文］

一、项目的基本情况

（一）项目概况

天仙洞景区位于重庆市酉阳土家族苗族自治县，总体规划用地 1.4 平方千米。其中，项目建设工程需征地 100 亩，基础设施占地 12 亩，重点开发天仙洞洞内景观工程。本项目总建筑面积为 128 300 平方米，旅游人数可达到 37 万人次/年。本项目建设内容包括溶洞风景区外围可视范围的绿化改造，人行登山步道建设，溶洞入口门厅牌坊、景区办公楼、职工住宿楼、旅游接待大厅、前门停车场、民俗宾馆大楼、宾馆停车场、歌舞剧院、环湖回廊、寺庙、景区绿化、休闲广场、游乐场等基础设施工程。

本项目建设工程包括：

（1）旅游接待中心和住宿、餐馆、娱乐及管理用房，其建筑面积为 12 000 平方米。

（2）安装箱式变压器一台，配套建设洞内电线管网及灯饰工程。

(3) 洞外人行道5千米，行车道1.5千米，洞内步游道1千米。

(4) 停车场2个，占地3 000平方米，设400个车位。

(5) 建设景区湖泊及洞内景观工程，景区大门、围墙、给排水、消防、景区绿化及环境整治工程等附属设施。

(二) 资金来源

(1) 业主自筹资金2 500万元。

(2) 申请银行贷款2 000万元。

(3) 对外融资1 500万元。

在国家及地方政府的大力支持下，天仙洞景区开发项目被列入了酉阳县重点支持项目和优先支持项目。现景区内已经开始修建道路、人行道、停车场、供水、环卫等基础设施工程，为景区下一步建设奠定了坚实的基础。

(三) 主要技术经济指标

本项目的主要技术经济指标如表2-2-1所示。

表2-2-1　本项目的主要技术经济指标

序号	项目	单位	数据	备注
一、主要技术数据				
1	征地面积	亩	336.51	
2	建筑规模	平方米	128 300	
3	年旅游人次	万人次	37	稳定值
二、主要数据				
1	项目总投资	万元	33 643	
1.1	固定资产静态投资	万元	31 161	
1.2	建设期利息	万元	2 346	
1.3	铺底流动资金	万元	135	
2	资金筹措	万元	33 643	
2.1	业主自筹	万元	10 643	
2.2	银行贷款	万元	23 000	
3	营业收入	万元	15 354	稳定值
4	税金及附加	万元	844	稳定值
5	利润总额	万元	7 908	稳定值
6	所得税	万元	1 186	稳定值
7	税后利润	万元	6 722	稳定值
8	法定盈余公积金	万元	1 008	稳定值
9	未分配利润	万元	5 713	稳定值

表2-2-1(续)

序号	项目	单位	数据	备注
	三、主要评价指标			
1	所得税前的财务内部收益率	%	15.0	
2	所得税前的财务净现值	万元	18 599	
3	所得税前的投资回收期	年	9.1	含建设期
4	所得税后的财务内部收益率	%	13.8	
5	所得税后的财务净现值	万元	14 364	
6	所得税后的投资回收期	年	9.3	含建设期
7	投资利润率	%	12.8	
8	投资利税率	%	14.5	
9	销售利润率	%	51.5	
10	借款偿还期	年	10.9	含建设期
11	盈亏平衡点	%	45.0	

二、项目建设的背景及必要性

（一）项目建设的背景

旅游业是当今世界经济发展中势头最强劲的朝阳产业，是21世纪创造就业和进行环境保护的先导性产业，具有关联带动性强的优点。世界各国及地区都把旅游业作为支柱产业、龙头产业、先导产业来培育。

中国旅游业发展较快，国际休闲度假区和高端度假产品大量出现。近年来，我国生态旅游快速发展，已经成为一种崇尚绿色、倡导人与自然高度和谐的大众化旅游产品，深受海内外游客喜爱。

1. 重庆旅游发展的总体思路

近年来，重庆的旅游业呈现出“快速扩张、持续增长、健康发展”的良好态势，对全市国民经济和社会发展的贡献日趋明显，在全国旅游业中的地位日益提高。重庆市已确立了把旅游产业作为支柱产业来培育和发展的方针，并先后成立了市旅游产业发展领导小组和市假日旅游协调领导小组，相继出台了一系列指导性文件；编制完成了《重庆市旅游发展总体规划》和一大批区县的旅游发展规划及重点旅游区的旅游总体规划。重庆旅游业由政府主导、部门联动、行业管理、社会参与的大产业架构初步形成。

“十一五”期间，重庆市委、市政府充分结合本市旅游资源优势，确立了“旅游强市”的发展目标，并根据重庆旅游资源的特点、产业基础条件和旅游发展环境，合理调整旅游产业经济发展的空间布局。重庆市“十一五”旅游规划提出，着力打造三大目的地体系，即山水都市观光休闲旅游、长江三峡峡江生态文化观光旅游、乌江画廊生态和民族风情体验旅游目的地。

2. 酉阳县旅游发展的总体思路

酉阳县旅游资源充裕，发展基础较好，是全市旅游资源大县、旅游产业大县，旅游业已经发展成为全县的支柱产业。根据2010年重庆市酉阳土家族苗族自治县政府工作报告，2010年酉阳县全年接待游客54.8万人次，旅游收入达1.67亿元，获得“中国最佳绿色旅游名县”“重庆市十大乡村旅游目的地”“重庆市最宜居城市之一”等称号。

2009年酉阳土家族自治县人民政府明确提出：坚持“打基础、建精品、兴产业”的旅游发展思路，编制旅游发展总体规划和重点景区规划；引入市场机构，突破重点景区景点坑，突出“乡村旅游”主题，大力发展红色精品游、民族风情游、绿色生态游；加强区域合作，携手构建大旅游经济圈，加速形成大旅游、大产业、大市场格局；把“旅游兴县”上升到发展战略，举全县之力发展旅游业，使其成为富县、富民的支柱产业，为实现酉阳县经济社会发展新跨越作出应有的贡献。

酉阳县依托重庆市旅游总体规划，立足酉阳县旅游业发展实际，提出了旅游发展的指导思想、目标和要求，确定了旅游营销规划、文化娱乐产品规划、旅游交通规划、通信发展规划、旅游线路规划、旅游人才规划。这一规划对酉阳旅游资源的开发和保护、旅游商品开发和经营、旅游地产策划等核心问题进行了详细说明。

酉阳县借助民俗、生态两大主题，借助“新闻媒体宣传、旅行社团推介、专家名流造势”三大力量，精心打造桃花源、乌江三峡百里画廊、赵世炎烈士故居、南腰界革命根据地、龙潭古镇、龚滩古镇、酉水河、阿蓬江、大坂营原始森林、笋岩大峡谷、百家祠堂和丹霞地貌等一批具有核心竞争力的旅游精品；强势推出“重庆—桃花源—龙潭古镇—凤凰古城—张家界”“重庆—酉阳—龚滩古镇”“重庆—阿蓬江—龚滩古镇—彭水”“酉阳红色之旅”“酉阳—龙潭—后溪—里耶”五条精品旅游线路；举办“中国酉阳土家摆手舞欢乐文化节”“中国重庆·酉阳国际攀岩赛”“土家民歌会”等活动；做好“两乡两地”四大旅游品牌，形成自然与历史并存、文化与旅游齐飞的和谐局面，实现酉阳旅游产业的大规划、大投入、大营销、大发展、大突破。

（二）项目建设的必要性

1. 符合重庆市旅游发展的战略要求

重庆市委、市政府把旅游业作为重庆的支柱产业之一加以培育和发展，在现有的旅游景区前提下，提出了都市旅游圈、三峡区域旅游和乌江画廊-黔江民族风情旅游协作区“三足鼎立”的空间构架，力图不断开发有地方特色的新景区和逐步完善各景区的基础设施条件。本项目集生态旅游、观光休闲旅游、民族风情于一体，符合重庆市旅游发展的战略要求，符合重庆市旅游发展规划的战略要求。

2. 符合旅游市场发展趋势

随着我国社会经济的高速发展，人民生活水平日益提高，人们外出旅游的需求也不断扩大。旅游者对生态旅游产品的要求也越来越高，期望旅游目的地不仅要有优美的山水风光，而且要有厚重、古朴的历史、地理、社会文化背景以及天然的地理环境。因此，一种集地质资源遗产文化欣赏、休闲观光、摄影、度假、娱乐、健身等于一体的旅游产品将受到更多旅游者的青睐。天仙洞景区的自然风光和地质景观优美，生态环境极佳，适合开发成具有地方民族风情的集文化旅游、生态旅游、观光休闲旅游、特色餐饮、摄影、游泳、登山、儿童游乐、别墅度假等多功能于一体的星级生态旅游景区。

本项目基于这一旅游市场发展的趋势，除溶洞资源之外，还将修建入口门厅牌坊、民俗宾馆、歌舞剧院、环湖回廊、寺庙、景区绿化、休闲广场、游乐场等景区配套设施。这有助于打造独具特色的旅游精品，修建多功能生态旅游景区。本项目的建设有利于促进酉阳旅游资源整合及可持续发展，并且带动全县旅游业及相关产业的发展。

3. 满足地方经济发展和提升县城形象的需要

酉阳县万木乡虽然土地面积大，但工业基础薄弱，经济发展缓慢。只有调整产业结构，酉阳县才能摘掉贫穷落后的帽子。旅游产业综合性强、关联度高、带动作用大，被誉为朝阳产业。发展旅游产业将有利于扩大开放、拉动消费、增加财政收入；有利于调整经济结构、促进城乡经济增长、拓展就业空间、提高人民生活质量、构建和谐社会。酉阳旅游业在自然资源、民族风情、生态环境、旅游配套设施方面有独特优势，通过发展旅游业，能够刺激和带动当地运输业、餐饮业等多个产业的发展。

酉阳辖区多溶洞，有伏羲洞、腾龙洞、晶花洞、雪玉洞、天仙洞等。其中，绝大多数溶洞内有暗河、形态各异的石钟乳等景观，有的溶洞甚至三天三夜都走不到尽头。北京地质矿产勘察开发总公司的教授赵铁英称，中国溶洞“大洞在四川，好洞在重庆”。据统计，全国500米以上的溶洞只有400多个，1 000米以上的不足100个。天仙洞全长2 000余米，更是溶洞资源中的精品，开发优势十分明显。酉阳县拟对这些溶洞进行分类包装，申报国家地质公园，打造“酉阳溶洞王国”。

天仙洞项目建设是以溶洞开发为主导，以田园风光打造为依托，以旅游休闲为目的，拉动当地经济和第三产业的发展，形成一种集文化、历史、自然、经济于一体的新型旅游格局。此项目的建成将全面促进酉阳旅游业的发展。

4. 能够增加当地就业机会、提高农民收入

旅游业作为第三产业，直接关系到当地人民的就业和生活水平。本项目作为未来旅游项目的启动项目，可以直接或间接地为当地农民提供就业机会，并促进当地运输业、建筑劳动力市场和培训市场的发展。同时，作为生态旅游景区，旅游业的发展必然为周边农民带来无限商机，并充分调动农民自主创收的积极性，从而提高当地农民收入。因此，以旅游为契机带动相关区域农村经济的发展，解决农民的增收问题，也将为探索城乡统筹改革提供实验的载体，并推动全区城乡统筹发展。随着人民收入和消费水平的提高，国内旅游业发展势头强劲，酉阳县旅游业既面临着前所未有的机遇，也承受着巨大的压力和严峻挑战，其必须充分认识加快旅游业发展的重要性和紧迫性。打造天仙洞景区，将提高酉阳旅游业的竞争优势。景区配套设施的开发，能有效促进农村经济的协调发展、解决农民增收问题；能够集中农村优势资源，创造高效益综合农业价值，调整农业结构，实现生态、社会、经济协调发展。

综上所述，本项目的建设是有必要的。

三、旅游市场分析

（一）重庆市旅游市场现状

重庆市旅游资源丰富，壮丽的自然山水风光、独特的山城都市风貌、深厚的历史

文化积淀、浓郁的民族民俗风情，为旅游业发展提供了得天独厚的条件。2010 年重庆市旅游业统计公报显示，2010 年重庆市共接待海内外旅游者 1.62 亿人次，同比增长 31.54%；旅游总收入 917.85 亿元，同比增长 30.52%。其中，入境旅游者 137.02 万人次，旅游外汇收入 7.03 亿美元，同比增长 30.74%和 30.9%；国内旅游者 1.6 亿人次，国内旅游收入 868.36 亿元，同比增长 31.55%和 30.32%。

（二）本项目旅游市场分析

1. 区位分析

本项目所在地万木乡乡政府距酉阳县城 64 千米，距贵州省沿河县城仅 7 千米。天仙洞离乡政府所在地 4 千米。

（1）水资源丰富，有利于生态观光休闲度假旅游区的开发。在全国水文分布区中，酉阳县被列为足水带、多水带，全县以毛坝为分水岭，分属乌江、沅江两大水系，大小溪河多达 119 条。水库、河流、清泉众多。

（2）良好的植被和丰富的生物资源，为旅游业的发展提供了良好的生态条件。全县境内草山、草坡及林地的垂直分带明显，动植物资源十分丰富；主要森林植被为亚热带中低山常绿阔叶林、亚热带次生针叶林、亚热带低山竹林；另有锦鸡、香獐、白鹤、狐狸、果子狸、豹、灵猫、黑叶猴等国家级保护动物活跃在山间林地。

（3）复杂的地质构造，有利于观光体验旅游区的开发。酉阳地质构造复杂，总体上以中低山为主，海拔高差达到 1 632 米左右的中低山主要分布在县境中部，具有明显的喀斯特地貌特征，溶洞、暗河、峡谷、奇峰密布全县。

万木乡属喀斯特地貌。在湿热气候条件下，地表水顺裂缝处渗入地下，地下水长期溶蚀石灰岩形成空洞，空洞逐步扩大，形成溶洞。这是水和二氧化碳的缓慢侵蚀而形成的。溶有碳酸氢钙的水，当从溶洞顶滴到洞底时，由于水分蒸发或压强减少，以及温度的变化，都会使二氧化碳溶解度减小而析出碳酸钙的沉淀。这些沉淀经过千百万年的积聚，渐渐形成了钟乳石笋等。天仙洞就是上天赐给人类的天然宝藏。

2. 产业发展及基础设施

近年来，万木乡大力调整产业结构，大规模发展高效绿色农业，逐渐形成了以种养业为特色的支柱产业，建成 4 000 多亩经济果林。万木乡人杰地灵、物产丰富、民风淳朴、环境优美，具有极大的旅游开发价值，蕴含着无限的商机。每年一次的火光梨花笔会，拥有高涨的人气和深厚的民族文化底蕴，为旅游开发项目创造了先决条件。

西部大开发和彭水乌江电站建设给万木乡带来了前所未有的发展机遇。酉阳县最大的乌江人货两用码头落户万木乡。农村电网全面改造、移民搬迁安置区建设及功能配套设施建设的完善、网络通信全覆盖等大大提升了万木乡的游游接待能力，水陆交通更加便利。

3. 旅游资源现状

酉阳县旅游资源丰富，不仅有乌江百里画廊市级风景名胜区、桃花源国家 4A 级旅游景区、重庆金银山国家森林公园、“小桂林”酉水河、阿蓬江、河湾生态古寨、大坂营原始森林、龙头山、笋岩原生态景区等雄奇秀丽的自然风景，还有国家级历史文化名镇龙潭古镇、重庆市第一历史文化名镇——龚滩古镇和多姿多彩的土家、苗族风情以及独特的民族节庆习俗，是“中国著名土家摆手舞之乡”“中国著名民歌之乡”“中国土家文化发祥地”“中国原生态旅游胜地”。

（1）自然旅游资源。

①溶洞资源。酉阳溶洞群从资源角度上讲已经具备国家地质公园条件。

②洞外田园自然景观资源。天仙洞后洞出口在森林覆盖的危崖之下，人迹罕至。出洞可见两个面积约 10 亩的天然湖泊，湖泊两面青山耸立、绿树成荫，两山之间 100 余亩的坡地将湖泊环抱其中，一派江南水乡风光，游人置身其中，心旷神怡。天仙洞是不可多得的集溶洞、自然景观于一体的休闲娱乐旅游胜地，游客在游行过程中可以对地质景观的形成时代、地质背景、演化过程进行了解。游客在旅游过程中既增长了见识，又获得无与伦比的精神享受。

③农业观光区经济的快速发展、城市污染日益严重、绿地面积日益减少、生活节奏加快等，都给城市居民的身心健康造成很大的影响，人们希望能从快节奏、污染严重的环境中暂时解脱。生态农业旅游通过提供观光农产品和观赏、品尝、购物、习作、娱乐、疗养、度假等生态农业旅游项目，把农业生态效益、农村民俗文化等无形产品转化成合理的经济收入，以增加农民收入、提高农业的经济效益。观光休闲能够使生态效益转化为经济收益，从而促进农村经济的发展。近年来，万木乡大力调整产业结构、大规模发展高效绿色农业，逐渐形成了以种养业为特色的支柱产业，建成了 4 000 多亩经济果林，为万木乡建立生态后续产业和旅游观光带打下了基础。

（2）人文旅游资源。

① 万木石林传说。酉阳当地老百姓传说是一位大力神用神鞭像赶羊群一样，将石头从遥远的地方赶来，本来是要赶石头去阻挡洪水，不知是神鞭失灵，还是这群有灵性的石头恋上了酉阳这方水土，行色匆匆的石群戛然而止，无悔无怨地在此安了家。

② 民居建筑。民居建筑主要是吊脚楼，在规划区范围内有濯水古镇沿江吊脚楼和铜车坝两侧沿山民居吊脚楼。古镇吊脚楼一般为三层，铜车坝民居多为两层。

（三）优劣势分析

1. 优势

（1）区位优势。本项目临近贵州沿河县，是酉阳与贵州的经济枢纽，为重庆与贵州联合打造的乌江画廊景区通道辐射节点，距乌江万木深水码头仅 6 千米，水路优势明显。丁万公路全程改造后，本项目交通便捷度得到了进一步提升。渝怀铁路、渝湘高速和 319 国道使得酉阳交通网络逐步完善。黔江武陵山机场的建设也将为渝东南地区旅游业的发展带来强大的推动力，外部交通条件的完善为项目开发带来了难得的发展机遇。

（2）旅游资源优势。万木乡具有丰富的自然旅游资源和人文旅游资源，天仙洞景区集天仙洞洞穴地质奇观、天然石林、生态农业、观光旅游于一体，保留了浓郁的土家族民族风情。

（3）准确的定位。重庆市将酉阳县定位为民族风情展示区、旅游配套服务设施基地，而酉阳县虽然具有丰富多样的旅游区，但还没有一个完善的民族风情展示区和配套服务设施基地。这为天仙洞项目的发展提供了机遇。

2. 劣势

（1）竞争力度不够。本项目正在发展期，面临省际和区域内成熟旅游产品的竞争压力，知名度不高，竞争力度不够。

（2）民族文化正在流失。由于本项目的开发时间较晚，当地特色的民族文化正在不断流失。

（3）当地居民文化素质跟不上旅游业的发展步伐。酉阳旅游发展的核心是文化，这对当地居民的素质提出了更高的要求。目前，大多数居民的经营方式仍是传统的休闲产业经营模式。

（4）旅游宣传力度尚佳。旅游业从业人员的素质有待提高，旅游宣传力度较弱。

（四）项目定位

1. 功能定位

（1）渝、湘、黔、鄂四省旅游的重要节点。

（2）重庆市重要的生态旅游度假胜地和民族风情展示区。

（3）国际知名的中国原生态旅游景点和土家文化生态体验旅游目的地。

2. 市场定位

（1）基础市场：酉阳周边区域的渝东南各区县。

（2）核心市场：以重庆为主体的成渝都市圈。

（3）开拓市场：四川、湖南、湖北和贵州等周边省份及东部发达城市。

（4）过境市场：张家界、凤凰古城与梵净山过境游客。

（五）游客容量分析

2009 年酉阳县统计公报显示，2009 年酉阳县全年共接待游客 54.8 万人次，较 2008 年增长 44.2%，实现旅游收入 1.66 亿元，同比增长 53.7%。到 2011 年年末，酉阳县游客接待量将达到 80 万人次；到 2020 年年末，酉阳游客接待量将达到 200 万人①。据估计，天仙洞项目竣工运营到达稳定期后，年游客接待量至少会达到酉阳县游客总接待量的 6%，即 12 万人次。表 2-2-2 为本项目旅游人数预测表。

表 2-2-2　本项目旅游人数预测

预测年	旅游人数/万人次	年增长率/%	备注
2011	3.6	20	建设期
2012	4.3	20	建设期
2013	5.2	20	发展期
2014	6.2	20	发展期
2015	7.2	15	发展期
2016	8.2	15	发展期
2017	9.5	15	发展期
2018	10.4	10	发展期

① 因本案例是在 2020 前完成，因此文中的预计数值是根据本案例写作时间而估算的，表 2-2-2 中的数据同理。

表2-2-2(续)

预测年	旅游人数/万人次	年增长率/%	备注
2019	11.2	8	发展期
2020	12.1	8	稳定期

鉴于所开发的旅游度假区属于起步阶段、早期宣传力度不够、周边旅游市场对此地的瓜分和威胁、酉阳县城镇人口有限以及城镇居民旅游活动处于起步阶段，所以本次规划采用保守估算法，实际游客数量应该会随着经济增长和人们生活水平的提高有一定程度的增加。

四、项目建设内容与规模

（一）建设内容

本项目建设内容包括核心接待区、休闲接待区、生态休闲区、民俗山寨、码头接待区、景观小品建设工程，原有景观如佛光洞地下暗河、佛光洞地下暗河滚水坝、官陵、江河交汇口、滨江湿地、果园、桑园等改造完善工程以及建设道路、给排水、强弱电等基础设施工程。

（二）建设规模

本项目用地面积336.51亩，总建筑面积128 300平方米。

（1）建设核心接待区旅游接待及服务设施64 210平方米，主要包括酒店39 120平方米，会议中心（集会议、餐饮、住宿于一体）13 590平方米，休闲水街11 500平方米。

（2）建设休闲接待区旅游接待及服务设施9 180平方米，主要包括水上休闲木屋6 380平方米，水上餐厅2 800平方米。

（3）建设山林生态休闲旅游接待及服务设施30 110平方米，主要包括家庭式旅馆25 000平方米，服务设施3 180平方米，官陵观光区1 930平方米。

（4）建设民俗山寨旅游接待及服务设施15 400平方米。

（5）建设码头连接区旅游接待及服务设施4 100平方米。

（6）建设景观小品5 300平方米。

（7）建设完善示范区内道路、场地、给水、供电、排水、通信、燃气、环保等基础设施工程。

五、项目建设地址及建设条件

（一）建设地址

本次规划确定项目开发地为濯水镇蒲花河，我们将利用蒲花河的大量可建设用地和丰富的旅游资源与濯水古镇进行联合开发，将其打造成为黔江区南部旅游带上的一颗明珠。

濯水镇位于黔江区南部阿蓬江段的中部。阿蓬江沿岸保存有大量明清时代的吊脚楼，目前正在恢复之中。而与濯水镇一江之隔的蒲花河综合农业生产园区拥有百亩果园；蒲花河尽头的蒲花洞造型独特，在黄昏时，万燕归巢的景象十分壮观；蒲花河两岸拥有大量平坦的可建设用地。

（二）建设条件

1. 地形地貌

蒲花河旅游度假核心区用地由蒲花河平坝地区及周边山体构成。该区域地势平坦开阔，坡度在5%以下，周边山体高低错落，连绵不断，坡度多在30%左右。

2. 自然气候

黔江区地处渝东南武陵山区，属中亚热带湿润性季风性气候。该地区气候温和、四季分明、热量丰富、雨量充沛、季风气候明显。该地区气候具有随海拔高度变化的立体规律，是典型的山地气候。全区多年年均气温为15.4℃，年平均降雨量为1 200~1 389毫米，年平均日照时数为1 166.6小时。

3. 地质条件

黔江区域范围内的地质构造属新华夏构造体系川鄂湘黔隆起褶皱带，走向为北东—南西，底基构造为轻微变质的板溪群。黔江区处于鄂西、川东褶皱带，区域内部山脉走向与河流平行，东北高、西南低，形成“五槽六岭”地貌，是以中低山为主的山区地区。在蒲花河项目区域范围内，主要有麒麟盖山系，主峰海拔为1 464米。

4. 建设现状

（1）建设用地情况。

蒲花河平坝上除少量农业设施用地及零星的农家院落外，绝大部分为农业用地。蒲花河沿北岸山坡道路和谢家坝平台上散布着农房，并有小学、卫生院各一处。

（2）道路现状。

区域内对外交通依托乡道（濯水镇至水市乡），路基宽度为6.5~7.5米，路面结构为水泥混凝土和沥青表面处治，道路向北过濯水大桥与濯水古镇相接，南过蒲花河桥通向水市乡；区内主要的机耕道路宽3~5米，路面结构为泥结碎石，多条泥土小路连通区内农户。

（3）给排水工程现状。

区内仅有少量散居村民无集中供水，居民用水均自行打井采取地下水，且未经处理便直接使用。规划片区内无污水管道及污水处理设施，污水、废水量较少，均通过农田沟渠以散排的方式排放。

（4）能源供应现状。

规划片区以木材和电力作为主要的能源，无天然气输配设施及供气管道。

六、项目规划方案

（一）规划指导原则

1. 保护自然原则

天仙洞景点建设应以保护自然本色为前提，防止水质、大气等方面的污染。

2. 适度开发和可持续发展原则

天仙洞景点建设应该严格保护旅游资源的特色和优势，合理利用、有序开发旅游资源，综合考虑环境效益、社会效益，实现可持续发展。

3. 协调发展原则

天仙洞景点建设应遵循以下发展原则：第一，严格按照规划，保持基础设施与景点建设、宣传营销、旅游商品开发等多方面的协调发展；第二，应依托周围乡镇，把此景点建设与景区建设、促进乡镇经济发展紧密地联系在一起，促进协调发展。

4. 乡土特色原则

天仙洞景点内建筑与旅游设施的形式、材料色彩要尽量体现当地少数民族风貌，同时要挖掘地域文化与民俗文化内涵，并赋予景点建筑时代气息。

5. 景观特色原则

景点建设要明确天仙洞的特性，在充分保护景观特色的前提下尽量提高其观赏性，提高其国内外知名度，并以天仙洞开发为契机，带动整个景区的保护与利用。

（二）总体规划思路

1. 开展全面规划，合理布局开发景点

因天仙洞洞穴分布在“乌江画廊”的旅游路线上，周边有秀美古朴的千年古寺等旅游产品，我们应对其进行整体打造，树立旅游品牌，建成串珠式特色旅游点，并结合当地民俗及特产发展特色生态旅游。

2. 发展生态度假旅游

天仙洞旅游景区应该利用区域内宜人的气候、优质的生态环境和良好的可建设用地条件，发展生态旅游度假胜地，与渝东南旅游规划对黔江旅游服务中心的定位相呼应，填补渝东南地区无度假区的功能空白。

3. 发展农业观光旅游

近年来，万木乡大力调整产业结构，大规模发展高效绿色农业，逐渐形成了以种养业为特色的支柱产业，建成4 000多亩经济果林，为万木乡建立生态产业和旅游观光带打下基础。在项目开发区范围内设置农业观光旅游，将果园作为旅游区的特色景点，可满足附近城镇游客的周末休闲市场需求。

（三）规划项目

天仙洞旅游景区开发项目分为景区外围绿化、溶洞及旅游度假村开发两部分。

1. 溶洞开发

溶洞开发占地面积12亩，包括洞内工程和主洞口工程。

洞内工程包括洞内步游道、高科技灯饰工程、人造瀑布喷泉、景点保护工程、壁挂走廊、通风工程等。洞内灯饰安装采用国内最先进的冷度光源、七彩动漫成像设计，游客入洞后就可以看见一个“仙子”从天而降，整个游览过程不需要导游解说，全部由动漫科技完成，此科技属最新研发的光学运用技术，极其罕见。

主洞口工程包括入口门厅牌坊、洞口旋转梯、游客接待中心、前门停车场、景观工程和绿化工程。

2. 旅游度假村开发

度假村建设主要包括欧式皇家花园、滨湖商务接待中心、欧式古城堡、旅游产品交易市场、山顶观光茶室、观光亭以及公共厕所。

综上所述，天仙洞景区旅游项目的投资开发，不但能让天然地质资源得到较好的保护和利用，而且可以带动地方经济快速发展，促进地方百姓增收、财政增税。同时，该项目也为企业带来良好的经济效益。图 2-2-1 为项目总体规划。

注：①民俗广场；②售票处；③溶洞入口；④商业铺面；⑤-⑦欧式皇家花园；⑧公共停车场；⑨欧式古城堡；⑩欧式凉亭；⑪3 号湖；⑫滨湖商务接待中心；⑬阶梯表演广场；⑭2 号湖；⑮石林；⑯溶洞出口；⑰1 号湖；⑱山顶观光茶室。

图 2-2-1 项目总体规划图

七、项目建设方案

（一）建筑风貌设计

1. 核心接待区

核心接待区建筑分为三个组团，分别为酒店建筑群、会议中心建筑群和民俗水街建筑群。

酒店建筑群要能够体现现代土家族民俗建筑风格，因此应该采用牛角挑、披檐和围廊等土家族民族建筑符号作为建筑群外部构件，严格控制开发强度。其外形简洁、古朴，建筑色彩宜采用褐色、赭石色为主。临水一侧应该设置观景平台。

会议中心建筑群要结合现代高科技建筑风格和民俗公共建筑风格，应该采用具有现代特色的玻璃大屋顶和梭形作为建筑造型，严格控制开发强度，并与酒店建筑风格相协调。其外形古朴并与现代玻璃建筑轻巧通透相结合，主要色彩为与水相呼应的淡蓝色，局部使用黄褐色。

民俗水街建筑群要能够体现传统的土家族民俗生态建筑风格，因此应该采用临水吊脚楼式建筑形式，局部加入水车、磨坊等建筑设施，营造民俗氛围。提梁小巧玲珑，外形古朴生态，与山水融为一体，建筑色彩宜采用褐石色、赭石色。

2. 山寨民俗风情区

山寨民俗风情区位于蒲花河北岸的谢家坝片区，建筑风貌参照武陵山区山寨的山势高低错落的形式，按照当地风俗设置吊脚茶楼、风水塔和摆手堂、摆手广场，统一采用披檐、围廊、木格式推拉窗等传统民俗建筑构件，依照地形和山势的高低起落、围绕摆手堂零散布置。其建筑体量较小，与周围山势及环境协调，采用复古的形式，建筑色彩多采用浅褐色、赭石色。

3. 休闲接待区

休闲接待区为蒲花河北岸临水设置的休闲娱乐建筑，建筑风貌为现代风格的情趣建筑风格，采用独栋式木屋形式，建筑体量为迷你型，以赭石色为建筑群主色调。

4. 北岸新农村片区

北岸设置一处新农村居民点，建筑风貌为二层加坡屋顶阁楼的现代民居建筑风格，建筑体量为中等，与南部的农业生产园区相呼应。建筑色彩为白色、赭石色。北岸新农村片区与旅游区整体风貌相协调，同时应充分体现现代农村的新面貌。

5. 山林生态休闲区

山林生态休闲区位于蒲花河南岸缓坡地段，为集中式度假别墅，建筑风貌为现代生态休闲建筑风格，建筑体量为中等，并与周围山林环境相结合，采用能够体现现代感的建筑，同时与旅游区其他建筑风格相协调，能够体现蒲花河旅游区生态休闲的本色。建筑色彩宜采用米白色、赭石色相结合的色彩。

6. 官陵寨民居区

官陵寨包括官陵祭祀建筑和民居区建筑。山寨处于文物古迹保护区内，建筑风貌应该严格控制，因此祭祀建筑风貌应该控制为传统土家族陵墓风格，使用石、木为主要建筑材料，建筑体量较小，建筑形式为复古的形式，与官陵墓葬区相呼应，建筑色彩采用米白色为主，辅以赭石色。民居区建筑风貌应该严格控制，采用与官陵建筑风格相协调的传统民居风格，采用传统的中心式村落布局。建筑体量较小，局部为中等体量，采用复古的形式，与旅游区建筑环境相协调，同时应能够体现其新面貌。

7. 码头游览中转区

码头游览中转区连接与濯水古镇相通廊桥并设置游览接待建筑，建筑风貌需进行严格控制，与濯水古镇相协调，同时要体现旅游区生态、休闲的风格。建筑体量为中等但不失幽雅小巧，建筑形式采用现代民俗风格建筑形式，同时能体现古镇、旅游区两者的风貌特点。建筑色彩应该结合灰白色、赭石色和黄褐色。

（二）功能布局与建筑工程

整个核心区开发围绕蒲花河形成以下几个片区，分别为旅游接待区、休闲接待区、滨水游览区、农业观光区、山寨民俗风情区、山林生态休闲区、野趣区和旅游拓展区、入口风貌协调区、码头游览中转区。功能分区及分区项目设置如下：

1. 旅游接待区

旅游接待区分为蒲花河以南的核心接待区和北岸沿线的休闲接待区。

该项目利用铜车坝打造核心接待区，旅游接待区主要分为度假酒店区、会议中心和水街娱乐区三个部分。旅游接待区主要承担会议培训、酒店度假和娱乐功能，建筑平面布置沿水岸线呈半岛式围合状态，建筑形式为继承土家族传统建筑特色的现代民俗建筑。

（1）度假酒店区。酒店区的建筑为现代土家族民俗建筑群落，能够体现度假区的现代时尚感和民族风情。

（2）会议中心。会议中心为现代民俗建筑与现代玻璃体建筑的结合体，背倚青山，临水设置，与水面相映生辉。

（3）水街娱乐区。水街为临水布置的商业娱乐街区。

2. 休闲接待区

休闲接待区包括位于蒲花河北岸沿线的水上度假木屋和水上餐厅。

（1）水上度假木屋是景观和功能建筑的结合体，可以围绕可建设用地呈岛状布置度假木屋，并在半岛周围设置荷塘种植区。

（2）水上餐厅为在蒲花河北岸沿水散点设置的游憩功能建筑群。

3. 滨水游览区

滨水游览区指蒲花河以及两岸的浅水涉水游览区、荷塘游览区和鱼趣区。

（1）浅水涉水游览区。水上花岛分为春夏秋冬四季、东西南北八个花岛游玩区，各岛之间可由浅水涉水游览道相连。水上花岛的浏览项目包括水上花卉种植、泛舟采花、水上栈道赏花、水上木盆船。涉水游览区处于淹没水位较浅的水草区，结合湿地药材种植设置水下游道和水上栈桥开展游览活动。涉水的游览项目包括湿地药材种植、浅水踩水、水上溜溜球、水上浮桥。

（2）荷塘游览区。荷塘游览区包括休闲接待区的度假木屋和水上餐厅种植，该区域设置多条水上游览栈道。

（3）鱼趣区。鱼趣区利用原来生态鱼虾养殖基地开展与鱼相关的活动。鱼趣区的游览项目包括嬉鱼、垂钓、烧烤、新鲜鱼虾品尝等。

4. 农业观光区

本项目将依托原有的农业综合生产园将其发展为集农业生产种植、农业科技推广和农业观光体验于一体的农业观光体验区。农业观光区主要分为果园区、桑园区两个部分。

其主要游览设施包括果园茶楼、蚕桑养殖参观基地、果园农庄和鱼虾放生池。

（1）果园区。本项目设有少年农耕体验基地、果树“开花—结果—丰收”体验、果园丰收节等游览设施。

（2）桑园区利用原来蚕桑养殖基地开展与蚕桑相关的活动。

本项目设有“蚕、桑、丝绸”故事展示活动、新鲜桑葚、蚕蛹品尝等游览设施。

5. 山寨民俗风情区

山寨民俗风情区为度假区山寨民俗风情展示和新农村建设用地，与会议酒店区呈轴线式遥相呼应。主要游览设施有山寨吊脚茶楼、山寨观景风水塔、土家民俗风情街区。

6. 山林生态休闲区

山林生态休闲区位于蒲花河南岸缓坡地带，生态环境优美，景观可塑性强，属于静态游玩休闲区。主要游览设施有家庭式旅社区、官陵新农村居住休闲及官陵墓葬游览区。

（1）家庭式旅社。山林家庭式旅社区为集中布置的别墅组团群落，建筑样式为与环境相协调的现代民居风格。

本项目设有山林步道徒步健身、亲情生态度假养生、老年疗养基地等游览设施。

（2）官陵墓葬群。官陵墓葬群由墓葬区和守墓人后裔居住村落组成，极具地方民俗特色。本项目将对周围民居进行风貌改造，形成新农村居民点，开展休闲观光活动。

本项目设有官陵墓葬观光体验、土家族祭祖庙会活动、休闲娱乐活动等游览设施。

7. 野趣区和旅游拓展区

野趣区和旅游拓展区位于河流两侧，主要设置了一些野外活动项目，并作为远期功能拓展区。

8. 入口风貌协调区

入口风貌协调区为旅游区的入口门户，是城镇发展开发用地，是古镇的风貌协调区，主要功能是居住、沿街商业活动、滨江休闲娱乐。

9. 码头游览中转区

码头游览中转区设有连接濯水古镇观光区与蒲花河生态休闲度假区的廊桥和连接阿蓬江沿线旅游的游船码头。

10. 游览系统

游览系统的设计是按照游览吸引点的分布和交通流线而组织的，项目范围内的吸引点是按照现状旅游资源、景观资源点和旅游度假区总体规划思路而设置的。

八、环保、消防及安全

（一）环境保护

1. 设计遵循法规及执行标准

（1）《中华人民共和国环境保护法》。

（2）《建设项目环境保护管理条例》。

（3）《环境空气质量标准》（GB3095-1996）2001 年修订版。

（4）《地表水环境质量标准》（GB3838-2002）。

（5）环境噪声标准、污水与废气排放标准等。

2. 项目建设及运营对环境的主要影响

（1）项目施工对环境的影响。

项目建设地目前主要是农业用地，但工程建设不可避免会对山体、水体、植被等自然生态系统造成破坏。

施工期间对环境造成影响的主要是建筑工程施工。例如，施工时砍伐树木，挖方填方；废方弃土、建筑材料丢放无固定场所，建筑材料运输、搅拌，机械施工和岩石爆破噪声；施工队伍生活垃圾、生活废水排放等。

上述工程对景区环境的主要影响有破坏自然植被、造成水土流失；水污染、固体废弃物污染、扬尘污染、施工噪声污染。

（2）项目运营对环境的影响。

景区运营后将产生一定的生活污水、生活垃圾。

3. 建设及运营期环保措施

本项目在建设过程中，应该坚持严格保护、合理开发、统一管理和永续利用的原则；应该对自然资源开发利用中可能造成的环境污染和破坏，采取各种治理和恢复措施。

（1）在施工时应对洞内所有钟乳石提供安全保护，如使用“保护膜”“隔板”等。不论洞内工程的施工难度有多大，一律采用手工作业，严禁放炮，要控制洞穴施工造成的扬尘对钟乳石的影响。对上层化石洞中的鹅管和容易受损的石笋，应采取隔断等方式防止人为破坏。

（2）防止洞穴“烟囱效应”，对原自然洞口不盲目进行扩大，否则会改变洞穴系统内气流强度和空气交换的周期，使原有的半封闭环境变成了半敞开的环境，这会加速风化而影响钟乳石表面化学变化，使其结构疏松和表面色调暗化，使表层易粉化和脱落。

（3）洞穴施工和开放后应成立专门的有权威的洞穴环境监测机构，长期监测洞穴气温、湿度、气压、二氧化碳含量、气流、光照、生物种群等数据，尽可能地保持洞穴原始生态环境，并且将其作为主要指标来控制游客数量。

（4）改善洞穴外的生态环境，保护洞穴周边植被的完整性，增加下渗水量和水中碳酸钙物质，以促进洞穴碳酸钙景观的再生。

4. 运营期主要污染源、污染物及其治理措施

景区在运营期的主要污染物有交通工具的尾气排放、游客生活污水和废水、游客生活垃圾。为了防止由于人们的生产、生活活动对景区的环境造成不利影响，本项目拟采取以下有效措施进行污染的控制和治理。

（1）对交通工具的尾气的防治。

推广洁净交通工具，对经常进入景区的汽车要加强管理，对尾气没有达到标准的车辆要限期整改。景区内推广洁净型交通工具，如电车、液化汽车等，要控制汽车进入景区的数量，可实行汽车进入景区的准入政策。景区内以电瓶车、电动船、马车、滑竿、索道作为代步工具。

对游客车辆的进入应做出具体的规定和限制，严禁货车、柴油车进入。游客的车辆应在规定地点停放，严禁乱停乱放。

（2）对水污染的防治。

在工程上和管理上采取切实可行的措施，防止或减少污染。工程设计采用生活污水、废水分流制排水系统，生活污水和废水排入集中的生活污水净化装置进行处理。严禁向景区内的河流倾倒垃圾和排放未经处理的生活废水、污水。饮用水要进行净化处理后，再转入供水设备。在景区旅游服务设施集中的地方，完善排水、排污系统，修建生活废水净化池，通过格栅、沉淀池进行处理，使固体悬浮物沉淀。在每一个单体建筑物中都将配备专业小型的污水处理器。修建生化池，对污水、废水进行多层次的清洁净化，使水处理排放达到国家一级排放标准。

（3）对各类尘土的处理。

尽量减少粉尘、烟尘、颗粒物等进入大气，保持清新的大气环境。景区游览步道应为水泥路或石板路，以减少汽车引起的尘土。零星空地植树、种草、栽花，提高植物覆盖率，减少粉尘污染。

（4）对粪便的处理。

在景区内道路两侧、游客活动集中场所的适当位置修建生态厕所，由专人清扫。

采用高温堆肥、密封存贮、化学药物等方法处理粪便后再将其作为肥料使用。

（5）对垃圾的收集处理。

合理设置垃圾收集设备。垃圾收集装置可以根据景区的要求设计不同的外观，但必须具备不生锈，不漏水、结实，有盖、易于清洗的特点。垃圾收集必须及时，且要实现垃圾的分类收集、分类无害化处理，真正体现国家级生态旅游区的形象。

（6）加强卫生管理。

建立健全卫生管理组织和制度，在游道两侧、景点附近设置形态美观的垃圾箱（桶）；在旅游市场、接待中心内建设垃圾收集站，配备专人负责定期清理、打扫，保证区内环境清洁卫生。垃圾站所收集的垃圾将定期送往河垃圾处理站集中处理，保证不会因人为活动对景区的环境造成影响。

为了从根本上维护好景区的旅游资源，保护景区良好的生态环境资源，促进景区旅游事业的长期可持续发展，还将对沿河道砌筑护岸，进行河道疏浚，进行植物培植和保护，保护水源。为此，将在沿河一线种植香樟、金丝垂柳、银杏等各类景观植物，种植大量的各种各样的鲜花，这样可以提高河道的自我保护功能。

5. 生态环境保护

（1）水体保护。

景区内，严格控制工业项目的建设，杜绝工业污染源。居民和游客集中区域的生活污水必须进行处理，并经环保部门检查达到排放标准；按重庆市有关加强对生活饮用水源地保护的条例规定，严格控制开展污染水源地的旅游活动；设立监控机构，加强水质的监测和管理；加强水源涵养林建设，营造护岸林，改善林分结构，不断提高其水源涵养能力。

（2）森林资源保护。

第一，认真贯彻落实相关法律、法规，认真抓好景区的森林防火工作，坚持“预防为主、积极消灭”的方针，强化森林防火的各项措施，包括进一步完善护林防火组织机构、建立健全森林防火制度、加强护林防火宣传工作、加强对野外用火的管理工作、加强防火基础设施建设。第二，加强对森林病虫害的防治，建立健全病虫害防治机构，加大检疫力度，定期对病虫害情况进行检查，坚持“预防为主、综合防治”的方法。第三，严禁砍伐天然林，依法保护森林资源。

（3）野生动物资源保护。

在开展旅游活动时要保护林中野生动物的正常繁衍生息；充分利用标语牌、广告栏、广播、电视等宣传媒介，加强保护野生动物的宣传，以提高游人保护野生动物的自觉性，做到全民保护、全民监督，禁止狩猎、诱捕、毒杀野生动物，保护野生动物赖以生存、栖息的环境；严禁滥伐林木，保持相对稳定的森林环境，为林中动物创造良好的庇护和活动场所；栽植和保护可食性植物，确保动物正常的食物来源；监测环境对野生动物的影响，凡对国家保护的野生动物及其生态环境产生不利影响的建设项目要坚决禁止。

（二）消防及安全

略。

九、组织机构与人力资源配置

（一）组织机构

本项目业主为重庆 A 旅游开发有限责任公司。本项目启动后，建议按照现代化企业管理制度的要求组建新的管理公司。新公司下设总经理办公室、财务部、市场部、住宿部、餐饮部、工程部、保安部和环保队八个部门，如图 2-2-2 所示。

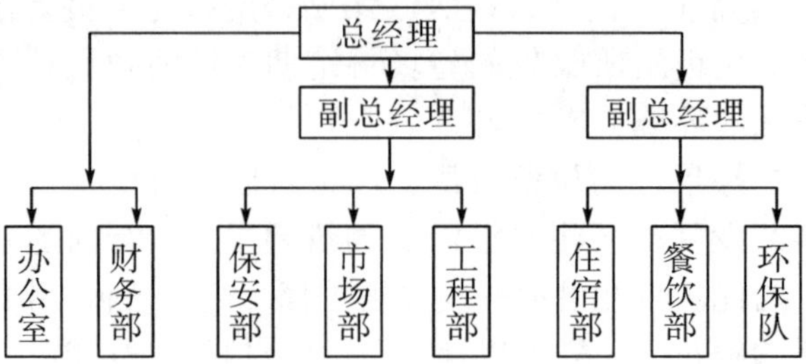

图 2-2-2　本项目组织架构

（二）人力资源配置

1. 公司定员

公司定员：60 人。

管理人员：5 人。

工作人员：55 人。

总经理：1 人，负责管理公司一切大小事务。

副总经理：1 人，分管各部门，直接向总经理负责。

总经理办公室：3 人，协助总经理工作。

财务室：3 人，负责公司财务工作，由总经理直接管理。

工程部：12 人，负责景区建设与维护、设备管理工作。

市场部：5 人，负责售票及市场开发工作。

餐饮部：10 人，负责游客饮食安排工作。

住宿部：15 人，负责游客住宿安排工作。

保安部：5 人，负责景区安全工作。

环保绿化队：5 人，负责景区环保及绿化工作。

2. 人力资源开发与培训

（1）天仙洞旅游区人力资源开发存在的主要问题。

① 从业人员从未受过培训，服务技能都需要从头学起。

② 区域范围内还没有具有较强培训能力的培训机构。

③ 当地农民对旅游业的意识很薄弱，而他们就是未来从业人员的主体。

④ 民间艺人正在流失。

（2）培训计划。

①引进高素质的旅游服务管理人才。

②对当地村民进行旅游常识和旅游服务业务水平培训，增强对游客需求的了解。
③政府组织挖掘民间艺人，为旅游区培养手工工人和民间绝艺表演者。

十、项目实施进度及招投标方案

（一）项目实施进度

1. 建设工期

本项目为旅游景区开发建设项目。其主要工程为建筑工程，根据实际情况及以往同类项目的经验，本项目建设期拟安排为1.5年，即从2011年1月到2012年6月。

2. 项目实施进度安排

本项目工程建设工期初步安排如下：

2011年3月前，完成可行性研究报告编制及审批、初设和施工图设计及其审批、审查工作。

2011年6月月底，完成工程招标及开工准备工作。

2011年6月到2011年12月，完成溶洞开发及度假村开发工程。

2012年1月到2012年4月，完成其他环境工程及辅助工程。

2012年5到6月，竣工验收。

（二）招投标方案

根据《中华人民共和国招标投标法》以及重庆市有关工程招标文件的规定，为确保本项目顺利实施，建议对本项目施工及监理进行招投标。推荐方案如下：

1. 招标形式

由业主按国家招标法及有关规定采用公开招标确定施工单位和监理单位。

2. 施工、监理单位资质要求

勘察设计资质：乙级。

施工单位资质：二级。

监理单位资质：乙级。

3. 招标信息发布

公开招标公告及其他需要公布的信息将在政府指定的媒体上公开发布。

4. 招投标工作组织

由业主自行或委托具有乙级资质的招标代理机构组织实施本项目的招投标工作。招标代理机构须按公平、公开、公正的原则组织完成编标、公告、资审、评标等工作。参加公开投标的单位不宜少于5家，参与邀请投标的单位不得少于3家。

十一、投资估算与资金筹措

（一）投资估算

1. 投资估算范围

项目投资估算范围为对蒲花河旅游开发项目需要进行的各项工程建设内容，详细情况见前述章节。其投资构成包括土建工程费用、设备及安装工程费以及工程建设其他费用、基本预备费等。

2. 估算依据

本项目投资估算参照《投资项目可行性研究指南》[①] 的有关规定进行编制，是在市场预测、建设规模、技术方案、设备方案、工程方案及项目实施进度等方面的基础上进行的。

3. 估算说明

（1）工程费用。

①建筑工程费用。建筑工程费用根据相关专业提供的建构筑物工程量和单位造价指标进行估算，单位造价指标的确定参照前述工程定额及近期类似工程指标，并按现行材料价格水平予以调整。

②设备购置及安装工程费用。室内外公用工程设备，环保设备、消防设备等购置和安装，参照目前设备厂家的报价进行估算。

（2）工程建设其他费用。

①征地拆迁费。本项目新征土地 336.51 亩，征地拆迁费共计 1 683 万元。

②前期咨询费。前期咨询费根据重庆市物价局、重庆市计划委员会、重庆市住房和城乡建设委员会联合发布的规定计列。

③勘察设计费。勘察设计费根据国家发展计划委员会、住房和城乡建设部联合颁发的《工程勘察设计收费标准》的规定计列。

④人员培训费。人员培训费每人按 1 000 元标准计算。

⑤办公家具购置费。办公家具购置费每人按 1 000 元标准计算。

（3）基本预备费。

基本预备费按工程费用及工程建设其他费用之和的 8%计列。

（4）贷款利息。

贷款利息按 5.94%的基准利率计算贷款利息。

（5）铺底流动资金。

铺底流动资金采用分项估算法估算流动资金，铺底流动资金为 135 万元。

4. 估算结果

经测算，本项目总投资 33 643 万元，包括工程费用 24 882 万元，工程建设其他费用 3 971 万元，基本预备费用 2 308 万元，建设期年利息 2 346 万元，铺底流动资金 135 万元。

（二）资金筹措

资金来源为业主自筹 10 643 万元，申请银行贷款 23 000 万元。由于政府补助资金尚不确定，所以暂不考虑政府补助资金。

① 《投资项目可行性研究指南》编写组．投资项目可行性研究指南［M］．北京：中国电力出版社，2002.

十二、经济效益评价

（一）经济评价依据、原则和方法

1. 评价依据

（1）本项目财务评价以《建设项目经济评价方法与参数》（第三版）为依据。

（2）本项目的成本、效益等方面的财务测算，按财政部颁发的《企业财务通则》和《企业会计准则》的有关规定为依据。

（3）本项目的税金测算，按国家颁发的税种、税目及相关规定为测算依据。

2. 评价原则

（1）本项目的经济评价以动态分析为主，并辅以若干主要静态指标的分析；以定量分析为主，定性分析为辅。

（2）本项目经济评价在计算期内的销售价格、租金水平及成本，均不考虑通货膨胀因素。

（3）本项目经济评价遵循收入与费用计算口径一致的原则。

3. 评价方法

本项目的财务评价按新建项目的评价方法进行效益分析和测算。

（二）基础数据

1. 计算期确定

本项目的计算期定为 17 年，其中，建设期为 3 年，第 1 年不计收入，第 2 年、第 3 年计入少量收入。

2. 营业收入和税金估算

根据市场预测的情况，按照保守估算收入的原则，收入来源主要为游客消费和房屋租赁收入。经过测算，我们预估在稳定期游客人均消费 400 元，租赁租金每月每平方米 30 元。根据各年的发展情况，预计调整系数如表 2-2-3 所示。

表 2-2-3　本项目建设期出租率预测

时间	出租率/%	时间	出租率/%
建设期第 1 年	0	运营期第 6 年	70
建设期第 2 年	30	运营期第 7 年	75
建设期第 3 年	35	运营期第 8 年	80
运营期第 4 年	60	运营期第 9 年	90
运营期第 5 年	65	运营期第 10 年至第 17 年	100

（1）营业收入估算。

稳定期旅游人数为 37 万人，人均消费 400 元，则旅游消费收入为 14 800 万元；房屋租赁面积 15 400 平方米（含古镇区和民俗山寨），租金水平为 30 元，则年租金约为 554 万元。通过以上预测，稳定期营业收入为 15 354 万元。

（2）税金及附加估算。

本项目的税金及附加由城市维护建设税和教育费附加等税费组成。城市维护建设税税率和教育费附加率分别为7%、3%。

3. 总成本费用估算

（1）工资及福利。

结合物业营运模式，预计需要管理人员250人，平均年工资1.44万元，福利费按工资的14%计取。

（2）折旧费。

固定资产按分类折旧的平均年限法测算折旧费，房屋及构筑物按20年折旧，房屋残值率取5%；设备按20年折旧，设备残值率取5%；年修理费按折旧费的10%计取。

（3）管理费用。

管理费用在不考虑人员工资的情况下按营业收入的10%计算。

（4）营销费用。

营销费用按营业收入的8%计算。

（5）财务费用。

本项目财务费用主要为项目的中长期贷款利息，项目预计从建设期就开始贷款，年利率取5年以上贷款基准利率，即5.94%。

4. 所得税估算

企业所得税按15%计算。

5. 利润分配

根据以上对销售收入、总成本及销售税金的预测可以得到各年的利润总额，按可供分配利润的15%计提盈余公积金。

（三）财务评价

1. 评价参数

考虑到该建设项目主要为古镇恢复和改造，基础设施建设投资比例较大，参照行业的评价指标进行分析，结合银行利率水平，将基准收益率定为8%。

2. 评价结果

根据上述基础数据及评价方法，进行项目经济评价指标计算，主要结果如表2-2-4所示。

表2-2-4　项目经济评价指标

投资利润率	12.8%
投资利税率	14.5%
所得税后财务内部收益率	13.8%
所得税后投资回收期	9.3年
所得税后财务净现值	14 364万元

从以上评价结果可知，项目投资税后财务内部收益率为13.8%，高于行业的基准收益率8%，财务净现值为14 364万元。因此，从财务上分析，该项目具有可行性。

（四）不确定性分析

1. 盈亏平衡分析

以经营功能利用率表示的盈亏平衡点（BEP）的计算如下：

$$BEP = \frac{固定成本}{经营收入 - 销售税金 - 可变成本} \times 100\%$$

$$=45\%$$

上述计算结果表明当达到计划租金收入的45%时，公司就会盈利。随着生产能力的提高，项目盈利随之增大。从盈亏平衡因素意义上看，项目建成后只要不发生特殊情况，就可以获利。盈亏平衡分析如图2-2-3所示。

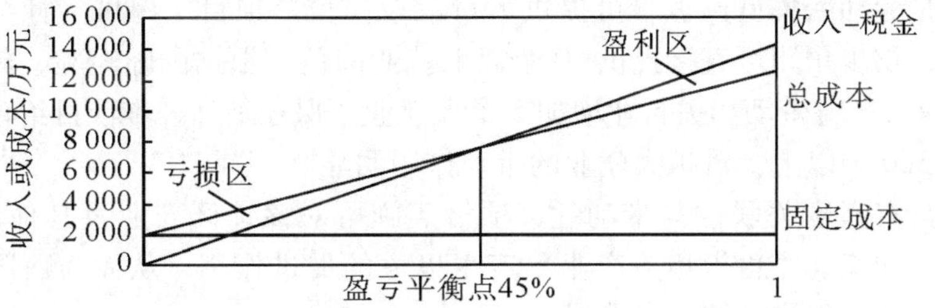

图2-2-3 盈亏平横分析

2. 敏感性分析

敏感性分析主要考察当项目的主要因素发生变化时，对内部收益率的影响程度。项目在实施过程中，某些因素（营业收入、经营成本、建设投资等）可能会发生变化，当这些单因素发生变化时，项目财务内部收益率的敏感程度如表2-2-5所示。

表2-2-5 敏感性分析

序号	项目	营业收入	经营成本	基本方案	基准收益率	建设投资
1	20%	18.5%	13.3%	15.0%	8%	12.4%
2	15%	17.7%	13.7%	15.0%	8%	13.0%
3	10%	16.8%	14.2%	15.0%	8%	13.7%
4	5%	16.0%	14.6%	15.0%	8%	14.3%
5	0%	15.0%	15.0%	15.0%	8%	15.0%
6	-5%	14.1%	15.5%	15.0%	8%	15.8%
7	-10%	13.1%	15.9%	15.0%	8%	16.6%
8	-15%	12.1%	16.3%	15.0%	8%	17.5%
9	-20%	11.0%	16.7%	15.0%	8%	18.5%

从表2-2-5可以看出，各种因素的变化都不同程度地影响项目内部收益率。项目内部收益率对营业收入和建设投资的变化最为敏感，之后是经营成本。

（五）财务评价结论

综上分析，我们可以看出，本项目各项财务指标在基准收益率等于 8%的情况下，基本上都满足财务评价要求，因此项目较为合理，财务效益可行。营业收入对项目的效益影响较大，存在一定的财务风险。本项目在建设过程中，要注意加强市场营销，加强旅游产品开发等。

十三、社会效益分析

（一）项目社会影响分析

旅游业是劳动密集型产业，可提供大量就业岗位。项目实施可为社会提供一定量的就业岗位，初步预测可直接提供 60 个以上就业岗位。根据国际经验，旅游业每增加 1 个直接就业人员将带动相关行业增加 5 个人就业。保守估计，本项目给该地区间接提供就业岗位 300 个以上，对扩大就业的带动作用明显。

旅游业具有高度关联性与带动性，项目实施可对该地区农业及其他产业（交通、餐饮、宾馆、加工、零售等相关产业）产生极大的促进作用，从而为酉阳县带来大量的间接经济效益，促进区域经济发展。

旅游开发还可以促进当地产业结构的调整，带动当地交通、电力、邮电通信、旅馆、餐饮娱乐服务业以及其他产业的发展。项目的社会影响分析如表 2-2-6 所示。

表 2-2-6　项目的社会影响分析

序号	社会因素	影响的范围、程度	可能出现的结果
1	对居民收入的影响	影响较小	收入增加（间接）
2	对居民就业的影响	影响较小	提供一定就业岗位
3	对弱势群体（妇女、儿童、残疾人员）的影响	影响较小	
4	对地区文化、教育、卫生事业的影响	影响较小	
5	对地区交通设施、社会服务容量和城市化进程的影响	影响较大	
6	对少数民族风俗习惯和宗教的影响	影响较小	

（二）项目与所在地互适性分析

1. 不同利益群体对项目的态度及参与程度

项目的实施可提供一定量的就业岗位，带动当地相关产业发展，提高当地人民收入及生活水平，社会效益良好。因此，广大人民群众非常支持该项目，参与程度高。

2. 各级组织对项目的态度及支持程度

本项目符合国家宏观产业政策和重庆市旅游发展规划，国家及各级地方组织对该项目持支持态度。

3. 地区文化状况对本项目的适应程度

本项目所在地虽然为少数民族聚居地，但汉化程度较高，普通居民均讲汉语、穿汉服，地区文化状况对本项目的适应程度较高。

（三）社会风险分析

本项目符合当地广大人民的利益要求，产生、激化社会矛盾的因素较少，社会风险较小。但在实施和运营中，本项目可能存在人为工作失误等因素引起社会不满的可能性。

1. 风险类型

项目的风险，是指一些不确定性因素的存在，导致项目实施后偏离预期结果而造成损失的可能性。项目风险贯穿于项目建设和生产运营的全过程。本项目是景区开发建设项目，根据其特点，参考本类项目的实施和运营状况，其风险主要有以下几种：

（1）工程风险。

溶洞工程地质条件、水文地质条件与预测的情况有较大出入，会导致工程量增加、投资增加、工期拖长等。

（2）资金风险。

资金来源中断或供应不足，会导致项目工期拖延甚至被迫终止；利率变化会导致融资成本增加。

（3）政策风险。

经济条件发生重大变化或政府政策做出重大调整，会导致项目原定目标难以实现甚至无法实现。

（4）外部协作条件风险。

交通运输、供水、供电等主要外部协作配套条件发生重大变化，给项目建设带来困难。

（5）社会风险。

预测的社会条件、社会环境发生变化，给项目建设和运营带来损失。

2. 风险防范对策

从上述分析中，我们可以看出项目的风险程度都不是很高。但是，为了合理有效地做到事前控制，使各项风险发生的概率降到最低，我们建议做好以下防范对策：

（1）在项目建设过程中，确保资金及时到位，合理安排资金使用计划，做好投资控制。

（2）做好与外部交通运输、供水、供电等主要外部协作配套部门的沟通和协调，确保项目顺利实施。

（四）社会评价结论

从前述分析可知，项目的实施可对促进就业、提高当地人群生活水平、带动区域经济发展等方面发挥巨大作用，是符合当地广大人民的利益要求的。项目产生、激化社会矛盾的因素较少，社会风险较小。从总体来看，项目社会效益良好，政府应予以大力支持。

[案例小结]

天仙洞的旅游资源丰富，独具特色。本项目的建设符合重庆市旅游发展的战略要求，能够丰富酉阳县及重庆市假日休闲旅游景点。天仙洞项目建设是以溶洞开发为主导，以田园风光打造为依托，以旅游休闲为目的，能拉动当地经济发展和第三产业的发展，形成一种集文化、历史、自然、经济于一体的新型旅游格局。本项目的建设可全面促进酉阳旅游业的发展，提升万木乡形象。项目建成后，可直接增加就业岗位 60 个，间接带动 300 人就业，经济效益和社会效益显著，因此项目的建设是必要的。

本项目总规划面积 240 亩，建设内容包括民俗广场、售票处、溶洞出入口、欧式皇家花园、公共停车场、欧式古城堡、欧式凉亭、滨湖商务接待中心、山顶观光茶室等工程。预计项目建成运营后，稳定期旅游人次将达到 12 万人次/年。

本项目总投资 6 238 万元，包括工程费用 3 914 万元，工程建设其他费用 1 417 万元，基本预备费用 427 万元，建设期年利息 280 万元，铺底流动资金 200 万元。资金来源为业主自筹 2 238 万元，申请银行贷款 4 000 万元。

项目运营期，所得税后的财务内部收益率为 13.4%，投资回收期为 8.5 年，项目稳定期年旅游人数达 12 万人次，年均收入达到 2 114 万元，创造税收 116 万元，具有可观的经济效益，可有效促进地方经济发展。

综上所述，本项目的建设是必要的、可行的。

对于本项目的建议如下：

（1）建议业主对国内同类景区（点）进行调研考查，仔细研究，借鉴其成功经验。

（2）景区开发要与环境保护相结合。资源是项目的核心与依托，在建设过程中一定要重视和保护。

（3）抓紧时间进行下一步工作准备，做好工程设计，落实各项资金，争取早日开工建设，早日发挥作用。

（4）建议严格执行国家有关工程建设的规定，并加强工程监理与质量监督，减少人为失误。

（5）地方政府积极配合项目业主单位，尽快推进本项目的实施。

[思考题]

（1）旅游地产开发的可行性研究要注意哪些问题？

（2）项目财务评价的报表有哪些？

第三篇
项目市场定位
及策划阶段

案例一

远洋太古里产品规划

［案例综述］

本案例项目为著名的成都太古里，现在看来其运营是比较成功的。本案例主要从开发背景、项目规划、产品研究、模式分析等方面对项目的规划及运营展开分析。本案例只是一个初步的规划及运营管理思路，后期的开发还需要进一步细化。

［案例全文］

一、太古里综合体简介

太古里系列是太古地产进入中国以来，开发建设的项目总称。“太古”是集团名称；“里”代表着开放式购物街区的建筑理念。太古里综合体集零售、办公楼和酒店于一体，是一个综合发展的项目。

（一）开发企业简介

太古地产是太古里综合体系列项目开发商，是太古集团的子公司，于 1972 年成立。太古地产大力发展商业、零售、酒店及住宅物业（见图 3-1-1）。

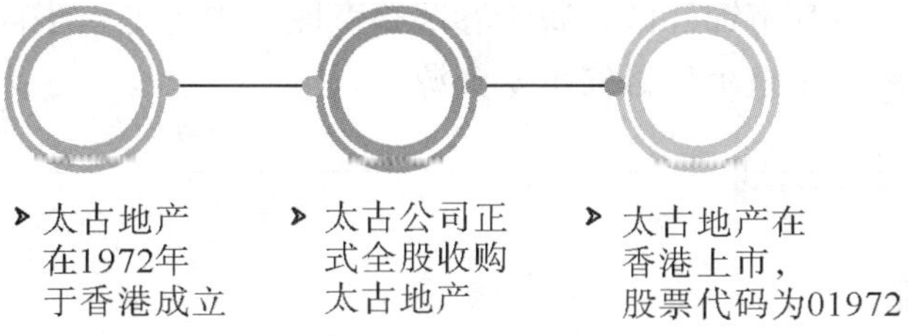

图 3-1-1　太古地产发展历程

太古地产业务范围主要包括以下三个方面。

（1）太古地产在香港的投资物业组合以太古广场、港岛东及又一城为核心物业。

（2）太古地产在北京、上海、广州和成都，共拥有五个大型开发项目。

（3）太古地产的业务遍及美国和英国等地。

（二）太古里综合体项目布局

太古里系列产品是太古地产进入中国市场以来摸索开发出来的系列产品。截至2015年3月，太古里系列产品已有5个项目，其中4个项目已开业，主要分布在北京、上海、广州、成都等城市。

（三）成都太古里项目概况

成都太古里项目位于成都市中心，是太古房地产投资近100亿元打造的集文化、旅游、商业、商务、住宿于一体，包含酒店、公寓、写字楼和购物中心的城市综合体。

本项目的基本情况见表3-1-1。

表3-1-1 本项目的基本情况

项目位置	成都市锦江区东大街9号	主题类型	城市综合体
建筑面积	25万平方米	占地面积	7.1万平方米
开业日期	2014年	投资企业	太古地产 & 远洋地产
物业组成	酒店、写字楼、购物中心、服务式公寓	项目投资	100亿元
打造概念	以创新现代设计手法演绎传统四川建筑特色，打造时尚元素与本土文化碰撞后的文化体验		
产品功能	文化、旅游、商业、商务、住宿等		

（四）成都太古里城市区位

成都是中国十大城市之一、西部地区经济核心增长城市、内陆地区最具投资价值的城市之一，还是西南最大的铁路枢纽，位于宝成铁路、成昆铁路、成渝铁路、达成铁路四条铁路交汇处。

（五）成都太古里资源概况

成都太古里位于成都市锦江区，属于春熙路商圈，周边是繁华商业商务区。其中，具有悠久历史的大慈寺是整个项目的重要资源。

二、太古里项目规划

（一）开发历程

成都太古里的项目开发先推出商务销售以回收资金；然后推出商业部分，以形成人气效应，造成区域溢价；最后推出酒店住宿部分（见表3-1-2）。

表 3-1-2 成都太古里项目开发历程

时间	项目进展
2013 年 8 月	睿东中心以全部销售的形式运营，是太古里在中国的第一个销售商务物业
2014 年 11 月	远洋太古里购物中心开业，主要租户包括 GUCCI、Cartier、Hermès 等一系列国际品牌
2015 年 7 月	博舍酒店提供 100 个客房及 42 个酒店式住宅

（二）总体规划

成都太古里总体产品规划包括三个部分，分别为远洋太古里购物中心、博舍酒店及酒店式公寓和睿东中心写字楼。

（三）功能布局

成都太古里项目专注于商业功能、商务功能、住宿功能的打造。其中，商务功能占比最大，为 48.8%；商业功能占比第二，为 42.1%；酒店功能占比 9.1%。

（三）产品研究

1. 项目一期产品

成都太古里一期推出的是睿东中心，该中心属于甲级写字楼，商务区域全部为销售区域，是整个项目唯一对外销售的部分（见图 3-1-2）。

图 3-1-2 项目一期产品效果展示

项目一期产品的内容如下：

（1）定位——5A 级写字楼。

（2）楼高——200 米。

（3）设计人员——由国际知名建筑设计公司英国的 MAKE 设计。

（4）开发商——远洋地产和太古地产。

2. 项目二期产品

成都太古里二期主要推出远洋太古里购物中心。该购物中心分为快里和慢里，建筑面积达到 10.6 万平方米，招商种类包括零售、餐饮、娱乐和超市等。

慢里购物中心是围绕大慈寺精心打造的慢生活里巷，以慢调生活为主题。慢里购物中心保持现代与古建筑交错存在的状态。慢里购物中心左右均呈一字型布局，建筑是以川西风格配以玻璃幕墙。

快里购物中心是由三条精彩纷呈的购物街贯通东西两个广场，此区域的众多国际品牌是以独栋或复式店铺完整展示品牌的旗舰形象。快里购物中心汇集全球一线品牌，“快”体现在国际大都会潮流脉动，快里购物中心打造成都“潮”圣地，其建筑为双排铺结合部分独栋建筑。

项目二期远洋太古里购物中心业态配比为成都太古里的远洋太古里购物中心汇聚300多个品牌，以零售业态为主，占比约为66%，餐饮占比约为20%，其余为休闲娱乐和超市等，入驻商家还包括全球一线品牌（见图3-1-3和表3-1-3）。

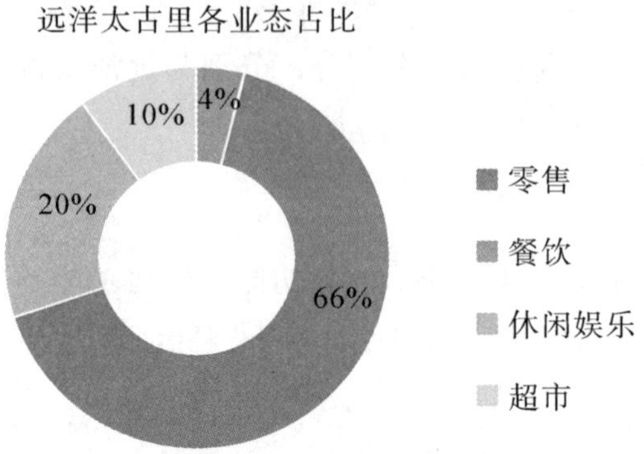

图3-1-3　成都太古里主要入住商家业态占比

表3-1-3　成都太古里主要入住商家

奢侈品品牌	GUCCI、Cartier、Hermès、Ralph Lauren、Chloé、Maria Luisa、Balmain、I. T
餐饮	鼎泰丰、正斗、KABB、蓝蛙、新元素、Wagas

项目二期远洋太古里购物中心特色店：远洋太古里购物中心的GUCCI和Hermès旗舰店都是特色店，且远洋太古里这家GUCCI和Hermès是亚太旗舰店，颇具特色。

项目二期远洋太古里购物中心商户：远洋太古里购物中心入驻商户包括首次入驻成都、精品名品、生活方式、男士、女士、潮流时尚、原创设计、买手店、鞋包化妆品等系列商家。

远洋太古里购物中心特色店之一是方所，方所的建筑面积为4 000平方米，产品涵盖七个区域，分别为时尚区、图书区、美学商品区、植物区、展览区、咖啡区和儿童美育区（见表3-1-4）。

表3-1-4　成都太古里方所主要产品区域

区域名	说明
时尚区	服装陈列区，集聚各种原创潮牌服饰
图书区	书柜多达53组，藏书超过15万册，涵盖各类出版物
美学商品区	网罗来自全球60多家品牌，商品数超过2 000种，其中月21家为首次入驻成都
植物区	传承中式园艺特征，弘扬耕作之乐

表3-1-4(续)

区域名	说明
展览区	专门为成都各类讲座和展览打造，集文化之大成
咖啡区	精选来自美洲、南美洲、非洲、亚洲的稀缺咖啡豆，构成味觉体验区
儿童美育区	专门为儿童设计，主要包括儿童娱乐、教学课堂、服饰等

远洋太古里购物中心特色店还包括无印良品，成都太古里店是该品牌的全球最大旗舰店，为整栋楼店铺，地上地下共四层，建筑面积超过 3 000 平方米，主要销售餐饮器具、家具、服饰、文具、礼品等（见表 3-1-5）。

表 3-1-5　成都太古里无印良品主要产品布局

楼层	产品布局
地下 1 层	客厅家具、卧室家具、IDEE、创意家居、艺术家饰等
地上 1 层	女装、女装内衣、鞋包、美容保养、骑行用品、自行车、MUJI to GO、MUJI LABO
地上 2 层	男装、童装、孕妇装、文具、收纳用具、MUJIYOUSELF、儿童天地、母婴室
地上 3 层	食品、厨房、餐厅用品、家具用品、FOUNDMUJI、咖啡餐厅

3. 项目三期产品

成都太古里继推出远洋太古里购物中心后，在 2015 年下半年推出博舍酒店和酒店式公寓，博舍酒店建筑面积 1. 52 万平方米，公寓则是 0. 76 万平方米（见图 3-1-4）。

图 3-1-4　成都太古里三期项目规划概况

项目三期：博舍酒店（效果图见图 3-1-5）。

开业时间：2015 年 7 月。

特色：

（1）主题定位——都会风尚酒店。

（2）产品设计——共有客房总数 100 间（套），42 间服务式住宅。

（3）设计人员——由英国著名设计师事务所 MakeArchitects 担纲设计。

（4）开发商——远洋地产和太古地产。

（5）城市定位——成都市政府文化遗产保育项目中的重要部分。

图 3-1-5　成都太古里三期项目效果展示

三、经营模式分析

（一）项目亮点

成都太古里项目的亮点主要体现在三个方面，分别为快慢生活全覆盖、定位精准和只租不售的运营模式。

1. 快慢生活全覆盖

（1）项目专注打造快生活区域。

（2）项目还分开打造慢生活区域。

2. 定位精准

本项目地理位置处于商业商务中心，客户群体和消费定位在中高端。

这是三里屯太古里成功后的又一复制案例。

3. 只租不售的运营模式

（1）项目所有商业铺位均是只租不售，因此能够有效控制招商对象性质。

（2）注重长期盈利。

（二）产品组成

成都太古里项目产品都是必备产品，必备产品主要分为三类，主要有商业购物中心即远洋太古里购物中心、住宿产品博舍酒店和部分酒店式公寓、商务部分的睿东中心（见图 3-1-6）。

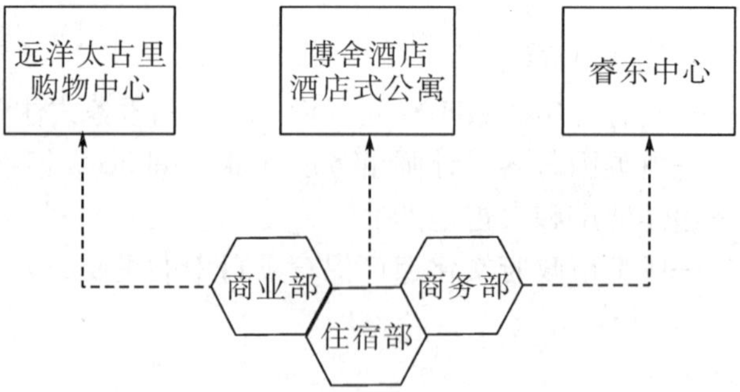

图 3-1-6　成都太古里项目产品组成

（三）产品特征

成都太古里项目打造的产品特征主要表现为商业产品主张低容积率、打造产品功能全面和商业招商整租趋势化（见图 3-1-7）。

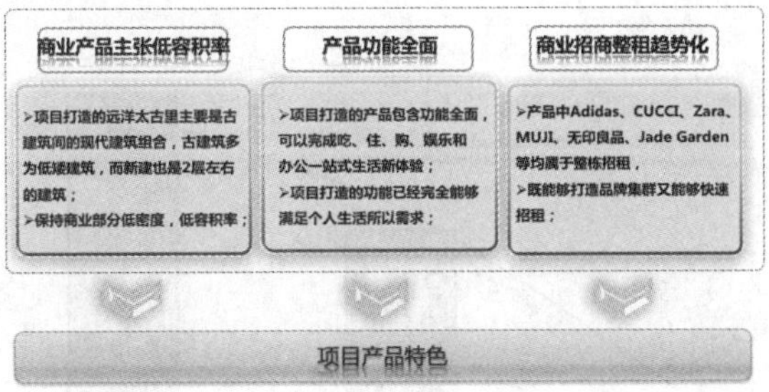

图 3-1-7　成都太古里项目产品特色

（四）开发次序

成都太古里项目优先售出睿东中心，为项目运营带来大量资金支持；而后推出远洋太古里购物中心，为项目聚集大量人气；随后在商业部分预热足够的情况下推出博舍酒店和酒店式公寓（见图 3-1-8）。

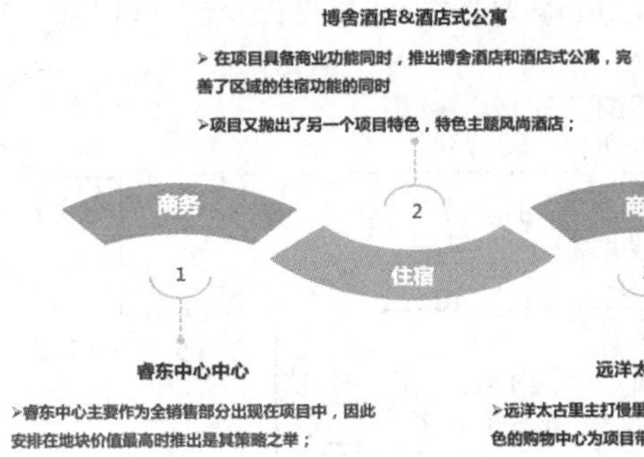

图 3-1-8　成都太古里项目产品开发次序

（五）收入构成

成都太古里项目的收入包括三类，分别为部分商铺的租赁收入、博舍酒店和酒店式公寓的收入、睿东中心的销售收入（见图 3-1-9）。

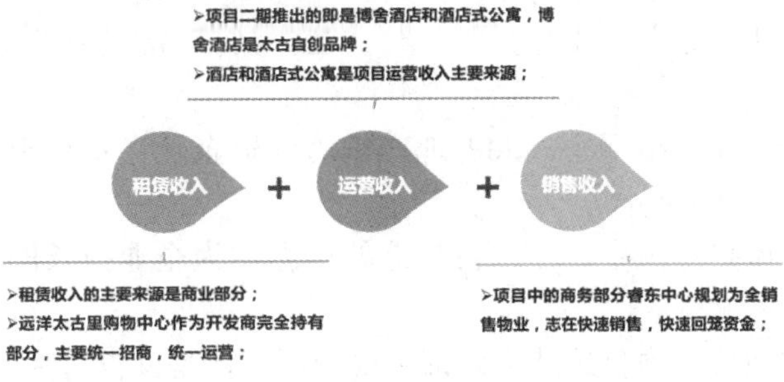

图 3-1-9　成都太古里项目收入构成

1. 物业租赁

远洋太古里项目主要是以租赁获得收入，其入住率自招商以来，不断创下新高。本项目凭借其特色吸引众多商家入住，首批入住的 15 个品牌包括 GUCCI 亚太旗舰店、MARIA LUISA 中西部首店、VERSACE、ZARA 三层旗舰店等（见图 3-1-10）。

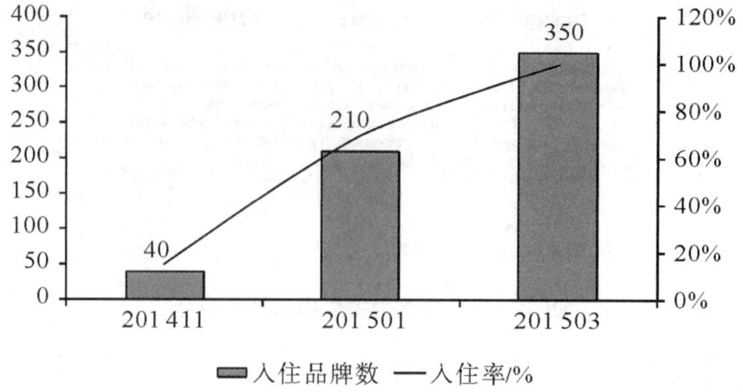

图 3-1-10　成都太古里项目入住商铺与入住率

2. 租金模式

成都太古里租金收租方式需要分阶段来看，首先是 2014 年为免租期，而 2015—2017 年预期为培育期，2018 年以后即为平稳期（见图 3-1-11）。

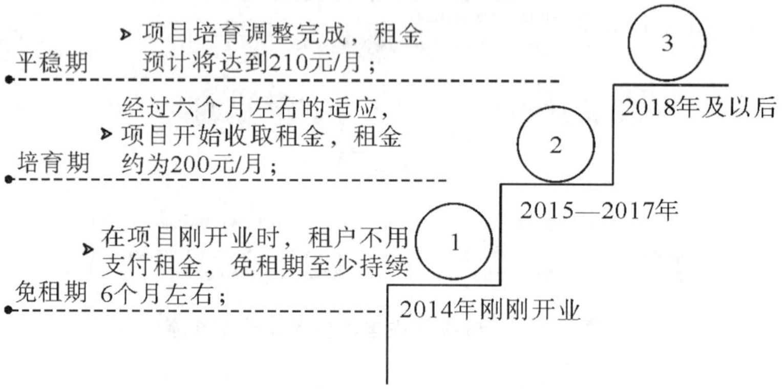

图 3-1-11　成都太古里项目租金收取模式

[案例小结]

成都太古里项目的定位为独特新旧结合、在产品打造上善用自有产品，在运营模式上专注只租不售。

（1）运营模式专注只租不售。太古地产作为外资企业，专注于自己运营模式的统一性，商业部分坚持只租不售。

（2）产品打造做熟不做生。本项目打造的产品均为企业擅长的领域，商业和酒店均是其成功开拓的区域。

（3）项目定位独特。项目选址为成都主要商圈，但是又没有完全重新打造新建筑，而是改造旧建筑，嵌入新建筑，使历史文化与现代文明相互碰撞。

[**思考题**]

（1）可行性研究有哪几个工作阶段？

（2）商业房地产如何运营才能获得成功？

案例二 某中央公园西地块定位构想

[**案例综述**]

一个优秀的项目策划方案需要咨询机构进行细致的规划。首先，专家和工作团队需要制定整个项目的工作大纲。该工作大纲主要包括项目区域与地块属性调研、项目核心问题解析、项目开发机会研判、项目整体定位及发展战略、项目整体物业发展建议、项目定位及规划设计建议、项目财务评估等。然后，工作团队在工作大纲的基础上进行工作内容分解，制定详细的工作流程及进度安排，确定阶段成果的提交时间节点及汇报人等。

本案例就是一个优秀的土地定位策划方案，其成功的原因主要是有一个较为详细和周密的计划以及高效的执行力。整个项目的时间安排如下：项目启动 2 天，市场调研准备 1 天，市场调研及客户访谈 7 天，项目初步思路评审 1 天，报告撰写 9 天，报告首次评审 1 天，报告修订完善 4 天，报告第二次评审 1 天，报告定稿 4 天，项目汇报 1 天，整个项目的工作周期是 31 天。最终，本项目的定位报告得到了业主方的认可，项目也得到了顺利实施。

[**案例全文**]

一、区域认知及发展预判

（一）板块格局

该区域分为以国际博览和高端住宅为主的会展板块、商贸配套和刚需住宅的空港新城板块以及集合商业、政务、中高端居住的中央公园板块。

以上三个板块的规划定位及入驻的典型房地产企业见表 3-2-1。

表 3-2-1　项目所在区域板块规划

板块	规划	典型房地产企业
国际博览板块	以国际博览经济为中心发展中高端住宅和商务、商业配套的会展中心	棕榈泉、首地集团、融创、北大资源
中央公园板块	集市政配套、购物、金融服务、酒店、休闲娱乐、中高端住宅为一体的城市级中心	香港置地、招商地产、鲁能、方兴
空港新城板块	依托机场优势，延伸发展商务贸易、办公会务、餐饮娱乐、中低端居住的综合服务区	融创、中航、旭辉

（二）中央公园板块

中央公园板块定位为以高端创新服务业为支柱、宜居建设为基础、文化交往和活力消费为拓展的面向国际的国家中心城市功能聚集区。

1. 人口规划

目前片区住宅项目集中开发，该区域成型后三大板块规划常住居民 40 万人，将形成新一代中高端生态宜居新城。

2. 人口预判

以 8~10 年为发展周期，人口导入速度开始进入高速增长期。2025 年前后，该区域的发展初具规模，区域价值得到充分释放。

3. 竞争关系

核心竞争主要来源于中央公园周边项目。在项目 3 000 米范围内，已知住宅竞争体量超 350 万平方米，商业竞争体量超 100 万平方米，竞争激烈（见表 3-2-2）。

表 3-2-2　某中央公园西地块产品竞争市场预测

项目	住宅体量/万平方米	商业体量/万平方米
公园大道	70	40
方兴地块	45	15
鲁能城	37	25
龙脊地块	8	1
融创中央广场	18	30
中交地块	80	30
融创国博城	98	10
本案	109	80
合计（不含本案）	356	120

4. 项目使命

本项目在规模体量上，已属区域龙头级大盘地位，加上企业战略价值体系构建，将力求成为区域销售标杆与掌握区域定价权的项目。同时，本项目区别于鲁能城强势进驻奠定形象，需承担起品牌深化与快速滚动的双重使命。

作为继鲁能城后的后起之星，本项目需进一步巩固和深化鲁能品牌在区域的影响力，因此本项目在品牌价值深化以及现金回流速度两方面需要具备更为突出的优势。

5. 项目发展战略

本项目需要有足够丰富的产品层级与产品体系，以争取最多的客群，实现可售货值最大化，并充分抢占客群，保障现金回流速度。本项目需要深化鲁能五大价值体系，率先形成营销示范与价值体验，实现项目价值点的成功落地，形成项目专属市场标识与营销支撑基础。本项目需要合理考量商业功能分配与选址，形成项目配套价值并充分保障开发的合理性。

二、客群匹配及产品结构

（一）目标客户群细分

1. 目标客户一：刚性置业客群（星城类客群）的共性需求

（1）理想生活：由家庭结构及家庭观念引发的对于子女教育、生活配套、公共交通及区域配套成长等方面的需求。

（2）资产保值：由务实的生活态度及财富增长速度产生的对于区域发展前景、社区品牌标识、社区配置与服务领先等层面的诉求。

（3）产品匹配：紧凑型学区高层。

2. 目标客户二：形态改善类客群（领秀城类客群）的共性需求

（1）高调生活：喜欢并享受财富快速积累所带来的生活格局、生活模式的改变，对于高物业形态、高形象圈层较为追逐且乐于分享。

（2）向上交际：生意、事业以及日常交际需求所带来的对于生意圈、孩子家长会圈、女士牌友圈以及周边休闲娱乐配套圈层的需求。

（3）产品匹配：经济型别墅、经济型洋房。

3. 目标客户三：品质改善类客群（星城升级类客群）的共性需求

（1）享受生活：讲究生活品质提升及和睦家庭生活所带来生活质量的提高，对于物业的居住舒适度、社区可提供的便捷理想生活体系、区域生活配套有独特理解。

（2）注重家庭：家庭成为生活品质体现的重要载体，希望家庭各成员均拥有较为理想的生活模式与状态，关注老人健康、休闲生活及子女教育、成长体系链条。

（3）产品匹配：品质高层、轻奢高层，大三房/准三房及部分四房。

（二）客群结构匹配预判

某中央公园西地块产品客群结构匹配预判如图 3-2-1 所示。

图 3-2-1　某中央公园西地块产品客群结构预判

（三）住宅指标分配

住宅指标分配原则为基于客群属性，建议尽可能增排高物业形态产品，形成多元产品结构，充分实现客群多元化并且产生较强的产品形态驱动力。

某中央公园西地块住宅产品指标分配（扣除单独占地的商业体量）如表 3-2-3 所示。

表 3-2-3　某中央公园西地块住宅产品指标分配

	物业类型	占地面积/平方米	建筑面积/平方米	预设容积率
前期用地	高层（刚需型）	153 873	538 555	3.5
	改善型物业		229 745	
	其中：洋房	63 818	102 109	1.6
	其中：别墅	127 636	127 636	1.00
后期用地	高层（品质提升型）	78 878	236 633	3
	改善型物业体量汇总		87 867	
	其中：洋房	24 407	39 052	1.6
	其中：别墅	48 815	48 815	1.00

（四）商业指标分配

商业指标分配原则如下：

（1）写字楼风险大，建议控制体量。

（2）纯商业竞争激烈，为风险可控，建议控制体量。

（3）酒店存在一定市场机遇，但需要和鲁能城高星级酒店形成错位发展。

（4）剩余商业体量在不能转化为住宅体量的情况下，以泛公寓产品带教育指标进行销售，弱化去化风险，增强变现能力。

某中央公园西地块商业产品指标分配如表 3-2-4 所示。

表 3-2-4　某中央公园西地块商业产品指标分配

商业产品结构	体量/万平方米
商业	15~20
写字楼	10
酒店	2
公寓	50
总计	80

某中央公园西地块产品落位示意见图 3-2-2。

（1）靠近中央公园人气很高，建议排布商业产品及高层产品。

（2）靠近水系的地方，景观资源最好，建议排布改善型别墅物业。

（3）景观资源相对较好的地方，建议排布洋房产品。

（4）最大限度保证各物业产品线的独立性，同时考虑别墅组团的私密性。

图 3-2-2　某中央公园西地块产品落位示意

注：此处商业仅为集中占地商业位置。

某中央公园西地块推售次序示意如图 3-2-3 所示。

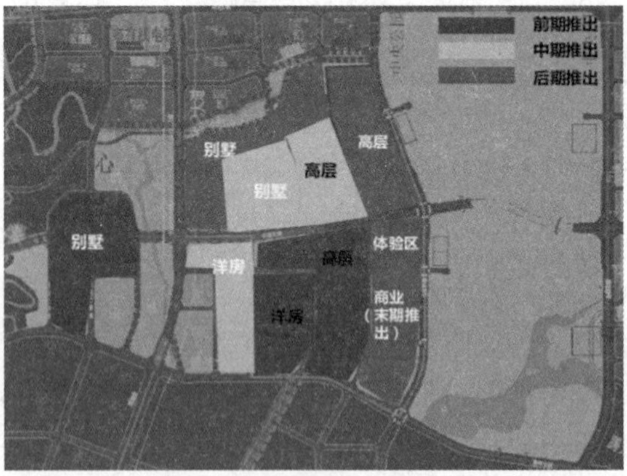

图 3-2-3　某中央公园西地块产品推售次序示意

（1）前期（2016—2018 年）推出商业体验区，为项目聚集人气，拔高项目品质形象；重点推出高层产品，同时搭配部分别墅和洋房产品，保障同期货值及客群量。

（2）中期（2019—2020 年）持续推出各物业产品线，加大改善型物业产品推售量。

（3）商业地块整体后期开发（2021 年后），待区域成熟后释放商业价值。

三、价值体系及营销示范

本项目将打造集生态、教育、健康、娱乐、运动于一体的全方位服务社区。本项目先行打造约 2 万平方米的体验示范区，充分展示五大价值体系，并提前形成配套展示中心，有效承接中央公园人气，提升项目标识感。本项目以主题会所的形式，将五大价值体系示范区以及营销中心进行分区串联，形成项目核心价值体验示范区，提前形成配套展示中心，并形成项目营销示范及价值体验中心，形成项目标识（见图 3-2-4）。

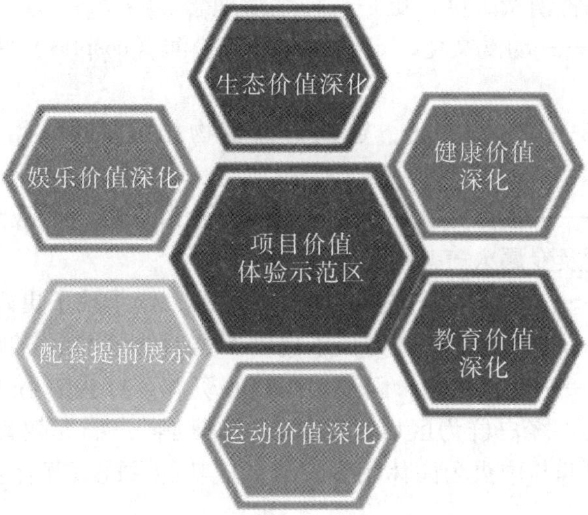

图 3-2-4 某中央公园西地块产品价值体系示意

（1）健康价值深化是指打造健康诊疗中心、儿童体检中心等，深化项目健康主题价值，免费开放体检、诊疗服务，吸引公园及周边客群，积累人气。

（2）运动价值深化是指潮流运动中心、时尚多元的运动价值深化。潮流与运动并进，室内设施结合室外设备，主打城市配套缺失的潮流、个性的运动场地。

（3）娱乐价值深化是指在中短期内首先经营娱乐项目，形成商业消费及娱乐配套，与中央公园休闲功能形成互补，吸附公园人气。

（4）教育价值深化是指打造教育集成会所体验中心，集成才艺培训、素质培养、儿童活动、科学科普于一体，形成中小学以外的素质教育示范体验，形成教育链条。

（5）生态价值深化是指室内与室外水系景观展示，立体绿化结合屋顶花园打造，生态深化形成生态体验价值示范。

四、商业规划思考

原有商业地块所处位置的人流进入性存在一定弊端（北面与西面均存在低洼地带及高架阻隔人流来往），同时该区域地势较为低洼，和周边人流密集人群点存在一定断层，整体昭示性及人流导入性存在问题，需优化空间布局。

我们应该将商业体量调整至中央公园旁，这样整体商业延展面更为开阔，并且和中央公园人气及景观资源形成充分呼应和配合，昭示性及人流导入性均得到有效提升，有利于形成主题商业街区的效应。

前期可将其中一定规模地块打造成为价值体验示范区，持续累积人气，培养形成消费及人气惯性，有利于为后期商业开发基础。

五、商业定位构想

延续鲁能城五大价值体系，与商业形成“主题+”发展模式，深化企业品牌价值体系，在原有的运动、娱乐、教育、健康、生态主题的基础上，再加上文化的理念。

“90 后”更注重感情交流，他们眼中的消费已经不再是简单的、被动的陈列，不再是走马观花的橱窗，他们更向往高级体验的模式，如文化、主题、爱好的呼应等。参与式互动体验是一种消费态度，更是一种生活理念。

商业定位构想 1——动漫文化，定期举办角色扮演（cosplay）活动吸引客户群，从而累积人气。

商业定位构想 2——宠物文化，定期举办宠物相关活动，增加人流量，增强体验感。

商业定位构想 3——运动主题，增加攀岩墙、轮滑广场、滑板台等潮流运动外设，提升项目的潮流主题及专属人气。

商业定位构想 4——娱乐主题，全方面服务业态，给予孩子更好的休闲娱乐体验。

商业定位构想 5——教育主题，为孩子提供多类型的艺术培养项目。

商业定位构想 6——健康主题，引进名医核心资源，打造中小规模精品名中医馆。

最终，本项目核心客户群为区域常住人口，辅助客户群为教育、政务客户群，核心客户群、辅助客户群与中央公园休闲客户群形成功能及配套互补。

[案例小结]

两江新区及中央公园整体政策利好因素减少，中短期内主要置业拉动依靠于知名品牌大盘持续入驻带来的区域开发红利、名校指标带来的教育指标驱动以及低密指标带来的形态改善驱动；中后期区域价值成长红利充分释放后，开始产生居住品质、区域价值等层面带来的价值。

区域辐射能力加强的同时，竞争格局日益激烈，带来价格增长与去化速度加快的压力。本项目如何形成项目专属的市场标识、率先抢占区域形象标杆与口碑、抢占客群关注，成为重点。

作为区域二发展的明星项目，项目发展战略需与鲁能城进行有效的补充与区别，因此项目在品牌价值深化以及现金回流两方面需要进行优化。

[思考题]

（1）商业地产定位策划要注意哪些问题？

（2）商业地产招商销售策划中要注意哪些问题？

第四篇
项目报建阶段

案例一

房地产开发项目报建流程——以重庆为例

［**案例综述**］

房地产开发是一项综合性很强的系统工程，报建流程贯穿于整个项目的开发过程，每个环节必须要经过政府相关职能部门和各相关机构的登记审核，并严格按照有关的法定程序进行。各种相关性手续及政府部门的批文是项目得以顺利开发的重要通行证。因此，开发企业的报建流程管理工作是房地产企业流程管理的重要组成部分，为此房地产开发企业成立了专门的部门来负责项目报建的工作。在整个房地产项目的开发流程中，开发企业在政府相关部门的监督管理下，通过内部各组织部门间经营活动的相互协调，并不断从政府各监督管理部门获取反馈信息以完成项目开发目标，实现企业的经济效益和社会效益，因此项目的报建工作显得尤为重要和关键。项目前期报建人要在脑海中始终强调时间管理的重要性并寻找优化报建流程中的关键路线，压缩整个项目的开发时间，提高自身资源整合能力和项目运作水平，防范并有效降低风险，增强企业的市场竞争力将是前期报建工作的核心。

［**案例全文**］

重庆市房地产开发项目报建流程如图 4-1-1 所示。

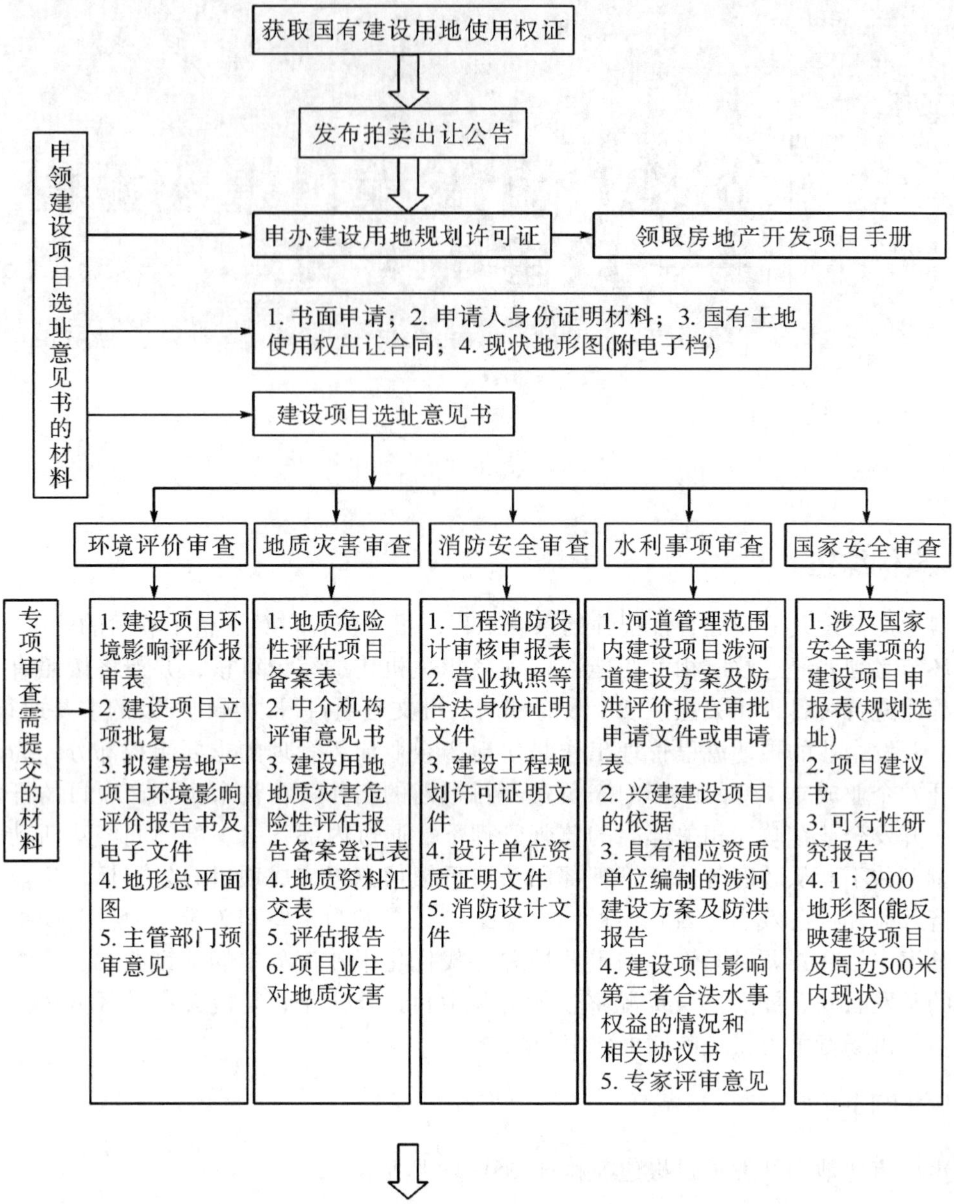
获取国有建设用地使用权证
发布拍卖出让公告
申领建设项目选址意见书的材料
申办建设用地规划许可证
领取房地产开发项目手册
1. 书面申请；2. 申请人身份证明材料；3. 国有土地使用权出让合同；4. 现状地形图(附电子档)
建设项目选址意见书
环境评价审查
地质灾害审查
消防安全审查
水利事项审查
国家安全审查
专项审查需提交的材料
1. 建设项目环境影响评价报审表
2. 建设项目立项批复
3. 拟建房地产项目环境影响评价报告书及电子文件
4. 地形总平面图
5. 主管部门预审意见
1. 地质危险性评估项目备案表
2. 中介机构评审意见书
3. 建设用地地质灾害危险性评估报告备案登记表
4. 地质资料汇交表
5. 评估报告
6. 项目业主对地质灾害
1. 工程消防设计审核申报表
2. 营业执照等合法身份证明文件
3. 建设工程规划许可证明文件
4. 设计单位资质证明文件
5. 消防设计文件
1. 河道管理范围内建设项目涉河道建设方案及防洪评价报告审批申请文件或申请表
2. 兴建建设项目的依据
3. 具有相应资质单位编制的涉河建设方案及防洪报告
4. 建设项目影响第三者合法水事权益的情况和相关协议书
5. 专家评审意见
1. 涉及国家安全事项的建设项目申报表(规划选址)
2. 项目建议书
3. 可行性研究报告
4. 1∶2000地形图(能反映建设项目及周边500米内现状)

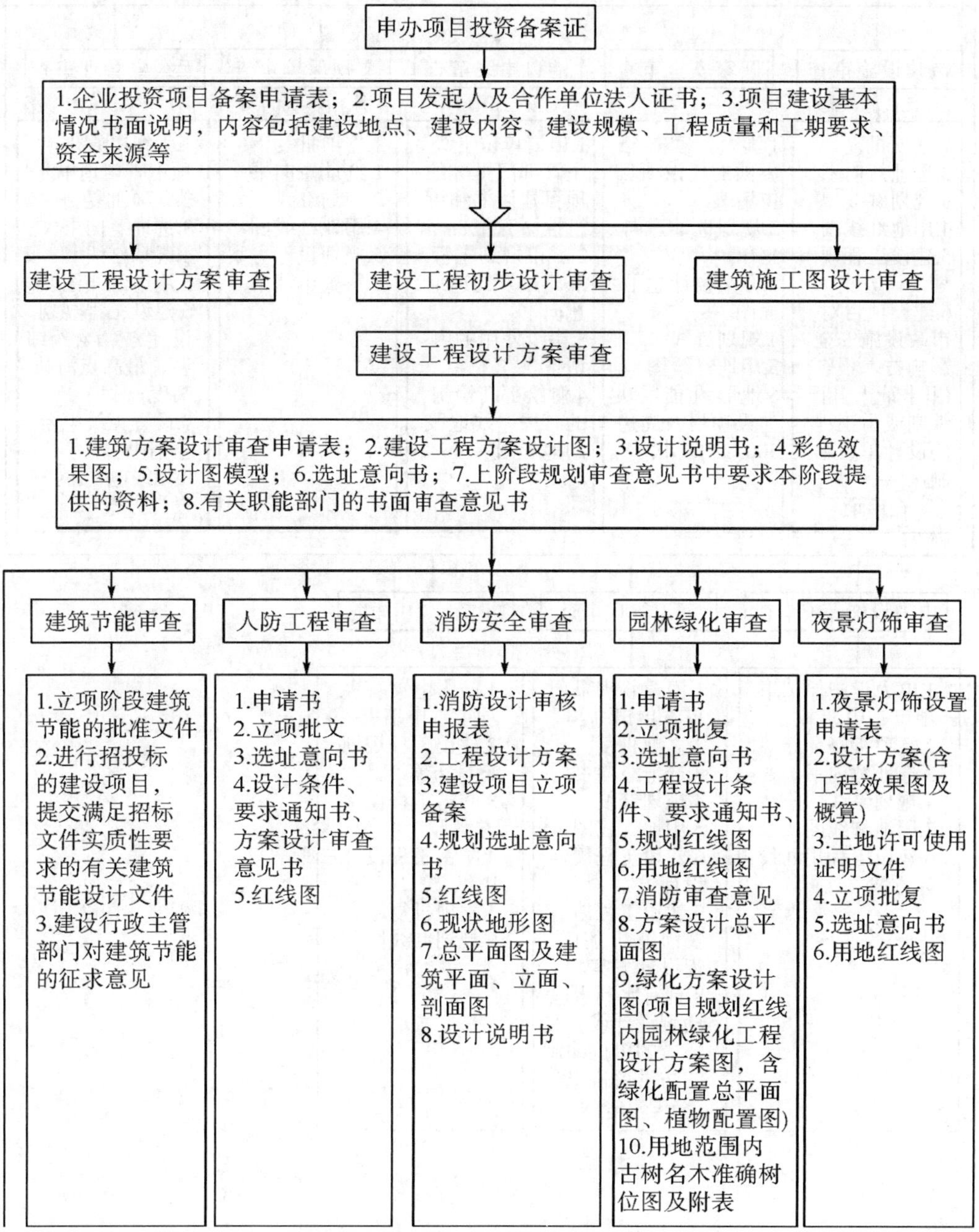
申办项目投资备案证
1.企业投资项目备案申请表；2.项目发起人及合作单位法人证书；3.项目建设基本情况书面说明，内容包括建设地点、建设内容、建设规模、工程质量和工期要求、资金来源等
建设工程设计方案审查
建设工程初步设计审查
建筑施工图设计审查
建设工程设计方案审查
1.建筑方案设计审查申请表；2.建设工程方案设计图；3.设计说明书；4.彩色效果图；5.设计图模型；6.选址意向书；7.上阶段规划审查意见书中要求本阶段提供的资料；8.有关职能部门的书面审查意见书
建筑节能审查
人防工程审查
消防安全审查
园林绿化审查
夜景灯饰审查
1.立项阶段建筑节能的批准文件 2.进行招投标的建设项目，提交满足招标文件实质性要求的有关建筑节能设计文件 3.建设行政主管部门对建筑节能的征求意见
1.申请书 2.立项批文 3.选址意向书 4.设计条件、要求通知书、方案设计审查意见书 5.红线图
1.消防设计审核申报表 2.工程设计方案 3.建设项目立项备案 4.规划选址意向书 5.红线图 6.现状地形图 7.总平面图及建筑平面、立面、剖面图 8.设计说明书
1.申请书 2.立项批复 3.选址意向书 4.工程设计条件、要求通知书、5.规划红线图 6.用地红线图 7.消防审查意见 8.方案设计总平面图 9.绿化方案设计图(项目规划红线内园林绿化工程设计方案图，含绿化配置总平面图、植物配置图) 10.用地范围内古树名木准确树位图及附表
1.夜景灯饰设置申请表 2.设计方案(含工程效果图及概算) 3.土地许可使用证明文件 4.立项批复 5.选址意向书 6.用地红线图

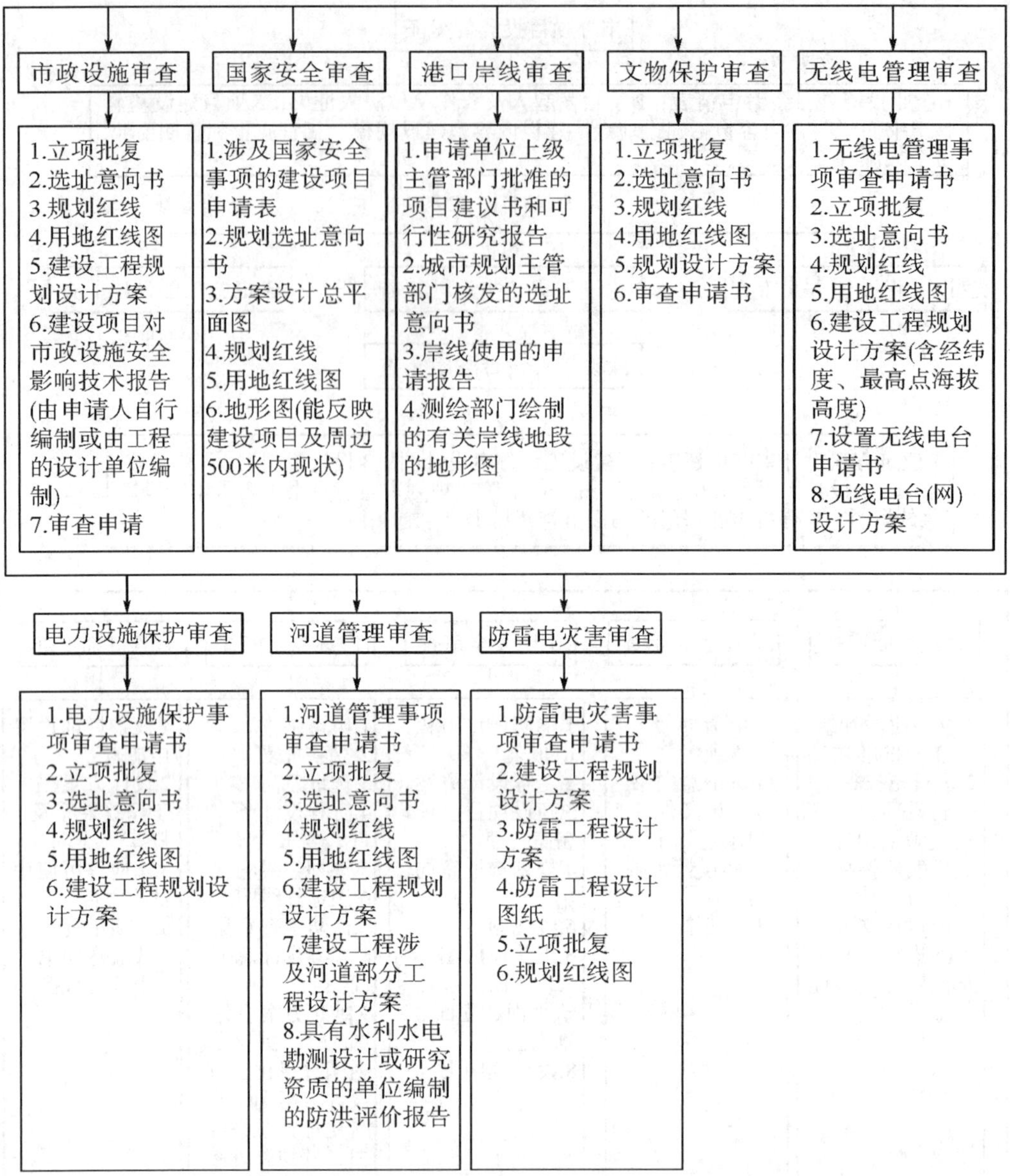

市政设施审查
1.立项批复
2.选址意向书
3.规划红线
4.用地红线图
5.建设工程规划设计方案
6.建设项目对市政设施安全影响技术报告(由申请人自行编制或由工程的设计单位编制)
7.审查申请
国家安全审查
1.涉及国家安全事项的建设项目申请表
2.规划选址意向书
3.方案设计总平面图
4.规划红线
5.用地红线图
6.地形图(能反映建设项目及周边500米内现状)
港口岸线审查
1.申请单位上级主管部门批准的项目建议书和可行性研究报告
2.城市规划主管部门核发的选址意向书
3.岸线使用的申请报告
4.测绘部门绘制的有关岸线地段的地形图
文物保护审查
1.立项批复
2.选址意向书
3.规划红线
4.用地红线图
5.规划设计方案
6.审查申请书
无线电管理审查
1.无线电管理事项审查申请书
2.立项批复
3.选址意向书
4.规划红线
5.用地红线图
6.建设工程规划设计方案(含经纬度、最高点海拔高度)
7.设置无线电台申请书
8.无线电台(网)设计方案
电力设施保护审查
1.电力设施保护事项审查申请书
2.立项批复
3.选址意向书
4.规划红线
5.用地红线图
6.建设工程规划设计方案
河道管理审查
1.河道管理事项审查申请书
2.立项批复
3.选址意向书
4.规划红线
5.用地红线图
6.建设工程规划设计方案
7.建设工程涉及河道部分工程设计方案
8.具有水利水电勘测设计或研究资质的单位编制的防洪评价报告
防雷电灾害审查
1.防雷电灾害事项审查申请书
2.建设工程规划设计方案
3.防雷工程设计方案
4.防雷工程设计图纸
5.立项批复
6.规划红线图

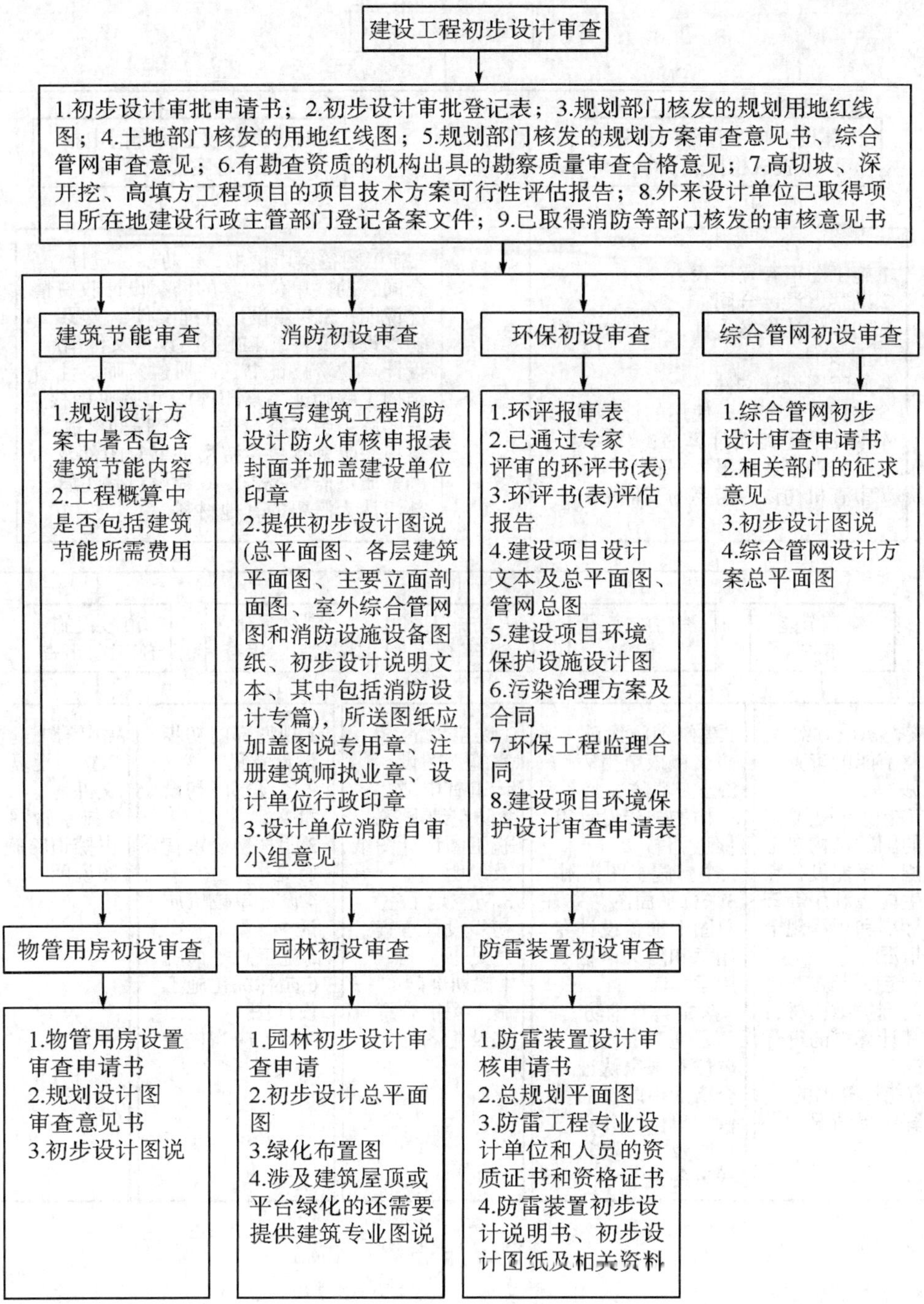
建设工程初步设计审查
1.初步设计审批申请书；2.初步设计审批登记表；3.规划部门核发的规划用地红线图；4.土地部门核发的用地红线图；5.规划部门核发的规划方案审查意见书、综合管网审查意见；6.有勘查资质的机构出具的勘察质量审查合格意见；7.高切坡、深开挖、高填方工程项目的项目技术方案可行性评估报告；8.外来设计单位已取得项目所在地建设行政主管部门登记备案文件；9.已取得消防等部门核发的审核意见书
建筑节能审查
1.规划设计方案中暑否包含建筑节能内容
2.工程概算中是否包括建筑节能所需费用
消防初设审查
1.填写建筑工程消防设计防火审核申报表封面并加盖建设单位印章
2.提供初步设计图说(总平面图、各层建筑平面图、主要立面剖面图、室外综合管网图和消防设施设备图纸、初步设计说明文本、其中包括消防设计专篇)，所送图纸应加盖图说专用章、注册建筑师执业章、设计单位行政印章
3.设计单位消防自审小组意见
环保初设审查
1.环评报审表
2.已通过专家评审的环评书(表)
3.环评书(表)评估报告
4.建设项目设计文本及总平面图、管网总图
5.建设项目环境保护设施设计图
6.污染治理方案及合同
7.环保工程监理合同
8.建设项目环境保护设计审查申请表
综合管网初设审查
1.综合管网初步设计审查申请书
2.相关部门的征求意见
3.初步设计图说
4.综合管网设计方案总平面图
物管用房初设审查
1.物管用房设置审查申请书
2.规划设计图审查意见书
3.初步设计图说
园林初设审查
1.园林初步设计审查申请
2.初步设计总平面图
3.绿化布置图
4.涉及建筑屋顶或平台绿化的还需要提供建筑专业图说
防雷装置初设审查
1.防雷装置设计审核申请书
2.总规划平面图
3.防雷工程专业设计单位和人员的资质证书和资格证书
4.防雷装置初步设计说明书、初步设计图纸及相关资料

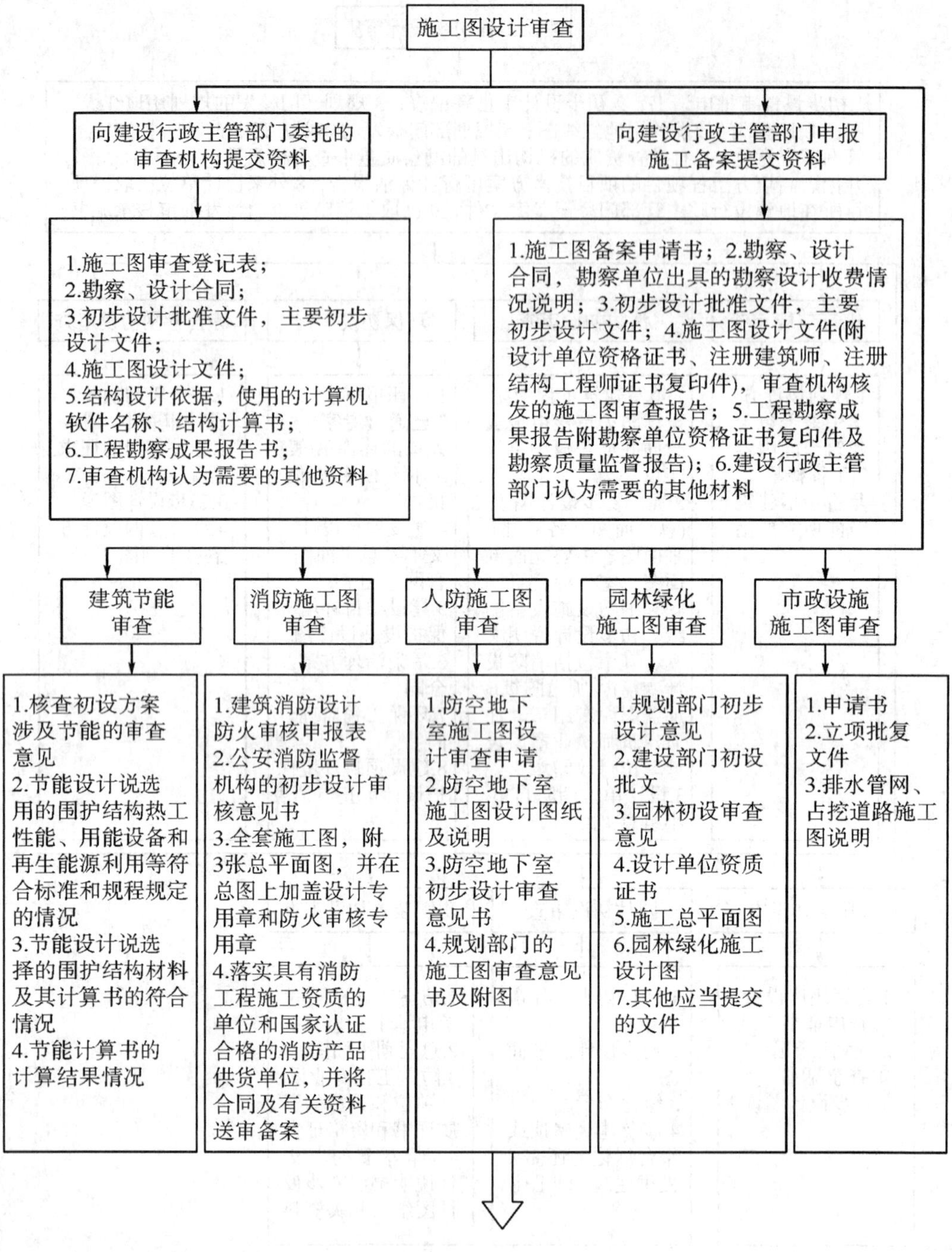
施工图设计审查
向建设行政主管部门委托的审查机构提交资料
向建设行政主管部门申报施工备案提交资料
1.施工图审查登记表；
2.勘察、设计合同；
3.初步设计批准文件，主要初步设计文件；
4.施工图设计文件；
5.结构设计依据，使用的计算机软件名称、结构计算书；
6.工程勘察成果报告书；
7.审查机构认为需要的其他资料
1.施工图备案申请书；2.勘察、设计合同，勘察单位出具的勘察设计收费情况说明；3.初步设计批准文件，主要初步设计文件；4.施工图设计文件(附设计单位资格证书、注册建筑师、注册结构工程师证书复印件)，审查机构核发的施工图审查报告；5.工程勘察成果报告附勘察单位资格证书复印件及勘察质量监督报告)；6.建设行政主管部门认为需要的其他材料
建筑节能审查
消防施工图审查
人防施工图审查
园林绿化施工图审查
市政设施施工图审查
1.核查初设方案涉及节能的审查意见
2.节能设计说选用的围护结构热工性能、用能设备和再生能源利用等符合标准和规程规定的情况
3.节能设计说选择的围护结构材料及其计算书的符合情况
4.节能计算书的计算结果情况
1.建筑消防设计防火审核申报表
2.公安消防监督机构的初步设计审核意见书
3.全套施工图，附3张总平面图，并在总图上加盖设计专用章和防火审核专用章
4.落实具有消防工程施工资质的单位和国家认证合格的消防产品供货单位，并将合同及有关资料送审备案
1.防空地下室施工图设计审查申请
2.防空地下室施工图设计图纸及说明
3.防空地下室初步设计审查意见书
4.规划部门的施工图审查意见书及附图
1.规划部门初步设计意见
2.建设部门初设批文
3.园林初设审查意见
4.设计单位资质证书
5.施工总平面图
6.园林绿化施工设计图
7.其他应当提交的文件
1.申请书
2.立项批复文件
3.排水管网、占挖道路施工图说明

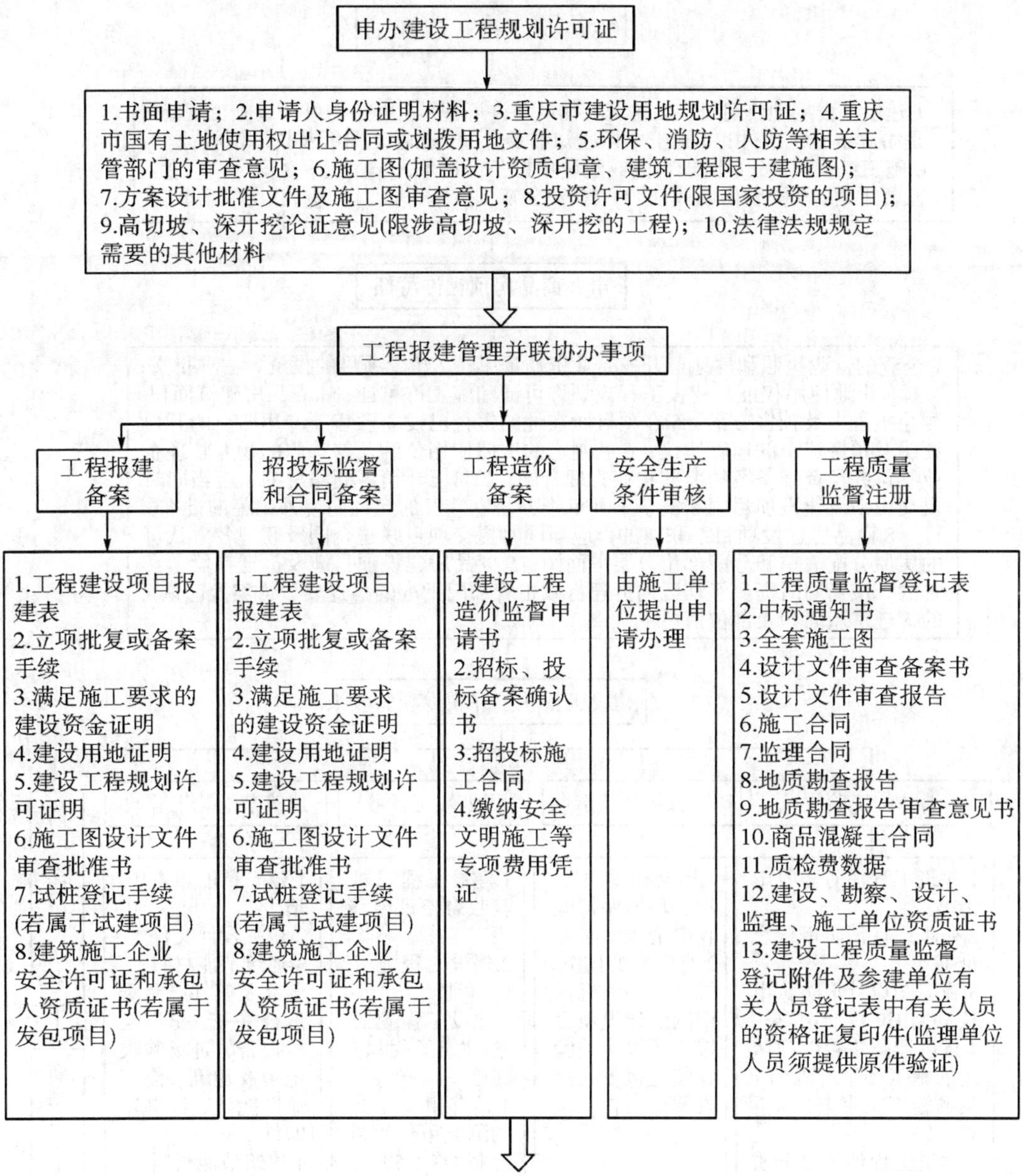
申办建设工程规划许可证
1.书面申请；2.申请人身份证明材料；3.重庆市建设用地规划许可证；4.重庆市国有土地使用权出让合同或划拨用地文件；5.环保、消防、人防等相关主管部门的审查意见；6.施工图(加盖设计资质印章、建筑工程限于建施图)；7.方案设计批准文件及施工图审查意见；8.投资许可文件(限国家投资的项目)；9.高切坡、深开挖论证意见(限涉高切坡、深开挖的工程)；10.法律法规规定需要的其他材料
工程报建管理并联协办事项
工程报建备案
招投标监督和合同备案
工程造价备案
安全生产条件审核
工程质量监督注册
1.工程建设项目报建表 2.立项批复或备案手续 3.满足施工要求的建设资金证明 4.建设用地证明 5.建设工程规划许可证明 6.施工图设计文件审查批准书 7.试桩登记手续(若属于试建项目) 8.建筑施工企业安全许可证和承包人资质证书(若属于发包项目)
1.工程建设项目报建表 2.立项批复或备案手续 3.满足施工要求的建设资金证明 4.建设用地证明 5.建设工程规划许可证明 6.施工图设计文件审查批准书 7.试桩登记手续(若属于试建项目) 8.建筑施工企业安全许可证和承包人资质证书(若属于发包项目)
1.建设工程造价监督申请书 2.招标、投标备案确认书 3.招投标施工合同 4.缴纳安全文明施工等专项费用凭证
由施工单位提出申请办理
1.工程质量监督登记表 2.中标通知书 3.全套施工图 4.设计文件审查备案书 5.设计文件审查报告 6.施工合同 7.监理合同 8.地质勘查报告 9.地质勘查报告审查意见书 10.商品混凝土合同 11.质检费数据 12.建设、勘察、设计、监理、施工单位资质证书 13.建设工程质量监督登记附件及参建单位有关人员登记表中有关人员的资格证复印件(监理单位人员须提供原件验证)

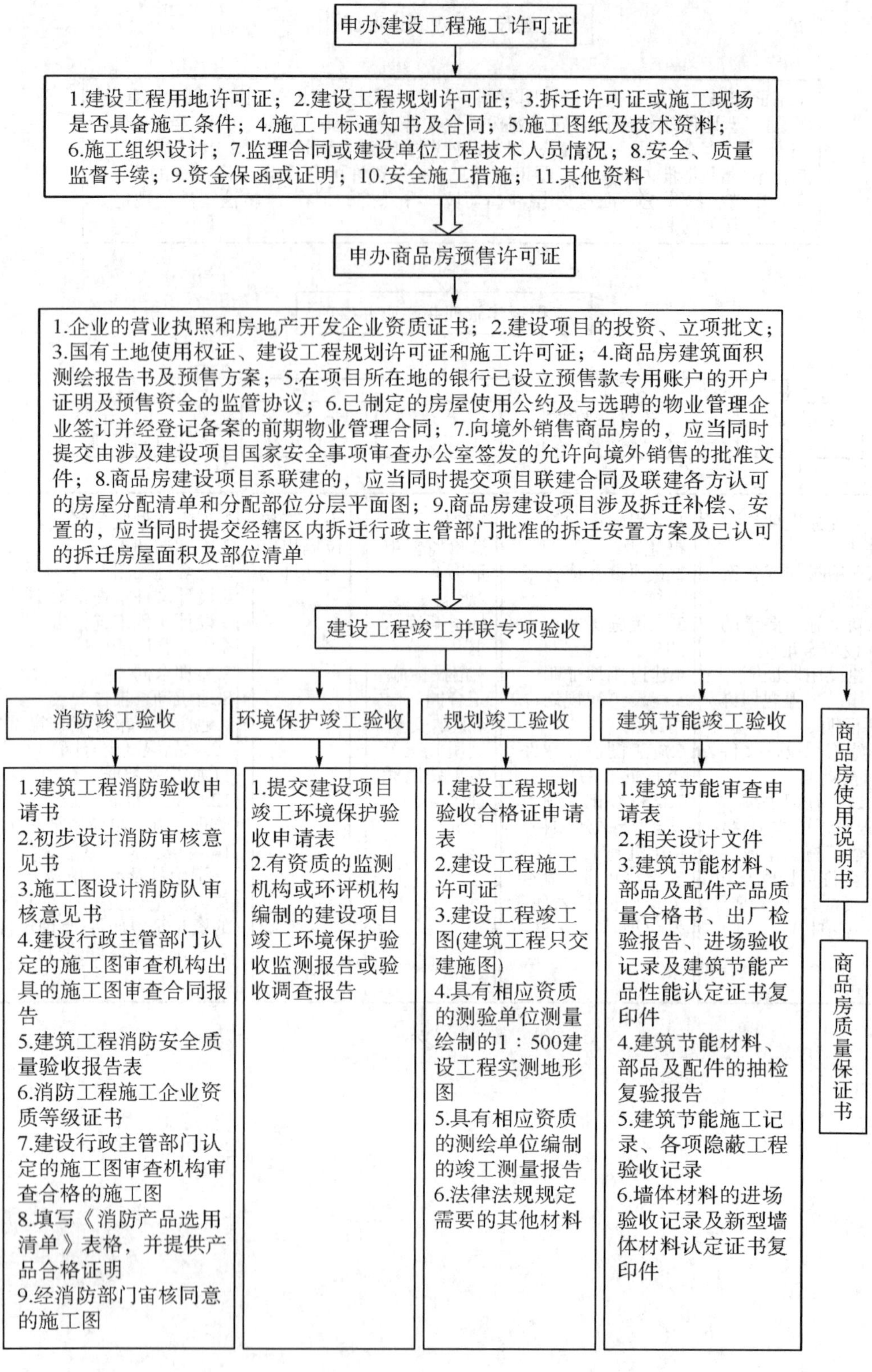
申办建设工程施工许可证
1.建设工程用地许可证；2.建设工程规划许可证；3.拆迁许可证或施工现场是否具备施工条件；4.施工中标通知书及合同；5.施工图纸及技术资料；6.施工组织设计；7.监理合同或建设单位工程技术人员情况；8.安全、质量监督手续；9.资金保函或证明；10.安全施工措施；11.其他资料
申办商品房预售许可证
1.企业的营业执照和房地产开发企业资质证书；2.建设项目的投资、立项批文；3.国有土地使用权证、建设工程规划许可证和施工许可证；4.商品房建筑面积测绘报告书及预售方案；5.在项目所在地的银行已设立预售款专用账户的开户证明及预售资金的监管协议；6.已制定的房屋使用公约及与选聘的物业管理企业签订并经登记备案的前期物业管理合同；7.向境外销售商品房的，应当同时提交由涉及建设项目国家安全事项审查办公室签发的允许向境外销售的批准文件；8.商品房建设项目系联建的，应当同时提交项目联建合同及联建各方认可的房屋分配清单和分配部位分层平面图；9.商品房建设项目涉及拆迁补偿、安置的，应当同时提交经辖区内拆迁行政主管部门批准的拆迁安置方案及已认可的拆迁房屋面积及部位清单
建设工程竣工并联专项验收
消防竣工验收
1.建筑工程消防验收申请书
2.初步设计消防审核意见书
3.施工图设计消防队审核意见书
4.建设行政主管部门认定的施工图审查机构出具的施工图审查合同报告
5.建筑工程消防安全质量验收报告表
6.消防工程施工企业资质等级证书
7.建设行政主管部门认定的施工图审查机构审查合格的施工图
8.填写《消防产品选用清单》表格，并提供产品合格证明
9.经消防部门审核同意的施工图
环境保护竣工验收
1.提交建设项目竣工环境保护验收申请表
2.有资质的监测机构或环评机构编制的建设项目竣工环境保护验收监测报告或验收调查报告
规划竣工验收
1.建设工程规划验收合格证申请表
2.建设工程施工许可证
3.建设工程竣工图(建筑工程只交建施图)
4.具有相应资质的测验单位测量绘制的1：500建设工程实测地形图
5.具有相应资质的测绘单位编制的竣工测量报告
6.法律法规规定需要的其他材料
建筑节能竣工验收
1.建筑节能审查申请表
2.相关设计文件
3.建筑节能材料、部品及配件产品质量合格书、出厂检验报告、进场验收记录及建筑节能产品性能认定证书复印件
4.建筑节能材料、部品及配件的抽检复验报告
5.建筑节能施工记录、各项隐蔽工程验收记录
6.墙体材料的进场验收记录及新型墙体材料认定证书复印件
商品房使用说明书
商品房质量保证书

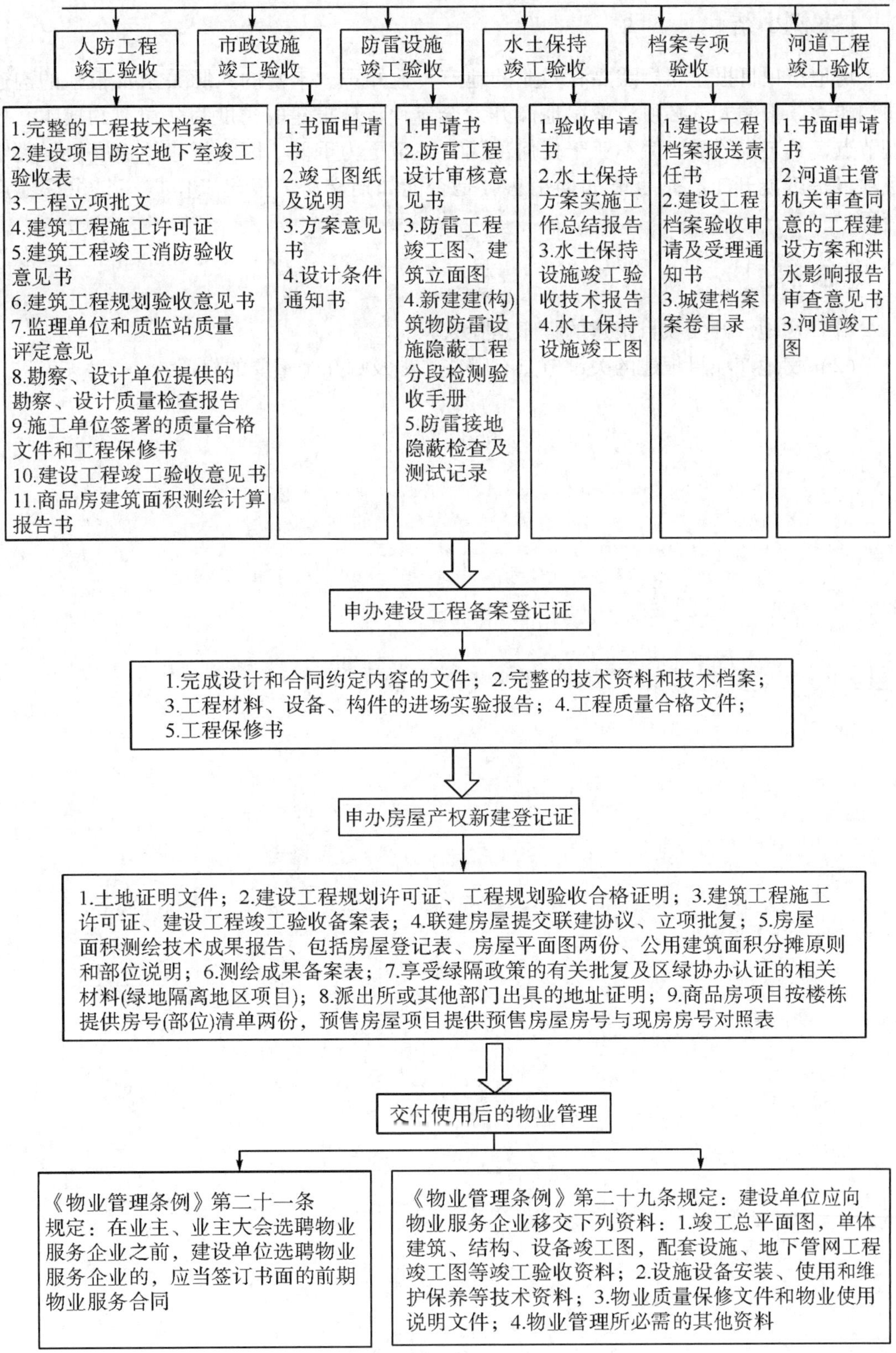

图 4-1-1　重庆市房地产开发项目报建流程

［案例小结］

房地产项目报建人员需要有专业的地产行业知识、丰富的人脉关系及很强的沟通协调能力。报建人员必须清楚房地产开发全流程，从报建的角度为公司节约成本、控制节点，其工作的重要性不亚于任何部门，甚至更为重要。因为报建的速度快慢决定了项目是否能开工，是否能如期销售，是否能如期交房。报建工作贯穿整个房地产流程。

［思考题］

（1）房地产开发项目报建的程序是什么？

（2）房地产项目报建的关键节点有哪些？涉及哪几个重要的权证？

案例二

开发报建与公共关系管理的关键要点

［案例综述］

报建工作贯穿房地产开发的全过程。报建是项目合法建设和运营的保障，以取得各项合法权证为标志，如国有土地使用证、房屋产权证等。报建工作环环相扣，与项目建设程序紧密结合。

［案例全文］

一、房地产项目的开发报建体系

目前，常见的开发报建体系有如下几种模式：“作坊式”报建模式、地区公司开发部主导的报建模式、中央集权式报建模式、与建设程序相结合的分阶段报建模式等。以上模式各有利弊，图 4-2-1 为某房地产公司开发报建组织体系图。

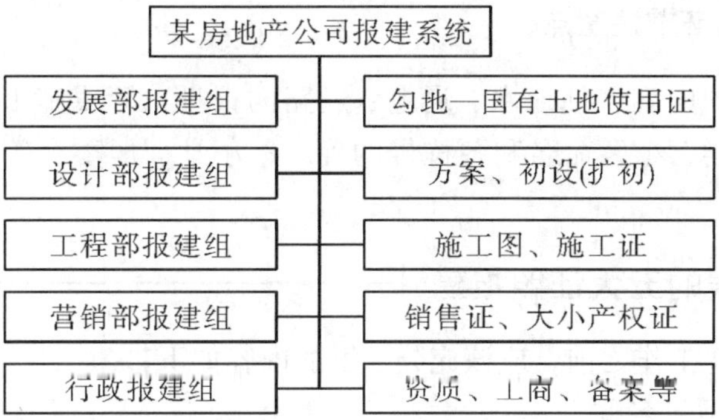

图 4-2-1　某房地产公司开发报建组织体系

二、房地产企业如何构建报建流程和体系

（一）用地环节重点

用地环节的流程包括用地协议、规划条件函、投资备案、项目资本金、可行性研究、国土合同、拆迁安置阶段、管网拆除、国有土地使用证等。

用地环节的难点为前期手续的办理、拆迁安置报建及实施、前期勾地策略及项目投资模式。

（二）规划设计环节报建重点

规划设计环节的流程包括规划方案、建筑方案审查、初步设计审查、施工图审查备案（含节能备案）等。

规划设计环节的难点为如何掌握职能机构的审图重点。

（三）工程建设环节报建注意点

工程建设环节报建的内容包括招投标备案、质监及安监、资本金、施工证等。

工程建设环节的难点在于配套费的计算与缴纳、施工证办理。其具体包括以下几个难点：

（1）施工现场是否已“三通一平”，是否具备开工条件。

（2）安全维护设施是否已落实到位，施工设施、施工机械是否按照规范进行布置。

（3）建设单位、施工单位、监理单位、设计单位等有关人员是否到位。

具体的注意事项包括以下几点：

（1）施工现场的安全措施方案应经过监理单位审定盖章。

（2）施工现场的安全设施、有关安全管理制度要落实到位，施工用电要按照规范进行铺设。

（四）竣工验收环节报建注意点

竣工验收环节报建的内容包括规划验收、消防、人防、绿化、防雷、竣工备案等。

竣工验收报建环节的难点在于规划验收和消防验收。

（五）配套报建环节注意点

配套报建环节的内容包括通水、通电、通路的报批；管线施工的报批和验收；市政设施的迁移线补偿、小区命名和各栋号的确认；小学、居委会等公建配套用房的移交等 。

三、开发主线的五大证照报建

在开展开发报建工作之前，应该充分了解的内容如下：

（1）行政许可项目名称。

（2）受理单位及审批权限。

（3）行政审批前置条件。原件类和复印件类及其份数，另包括其他类电子文档。

（4）需要公司其他部门提供的资料及质量要求、提供资料的时间。

（5）需要申请办理此项行政许可项目的费用以及费用名称、计划收费额、收费文件或依据、核算收费的经办人员及联系方式，填写公司内部的资金使用申请审批单。

（6）办理领取的文件。

（7）该项行政许可的一般工作时限及报建前的特殊要求。

四、技术独立系统的报建——水、电、气

水、电、气的报建具有资源垄断性、价格垄断性、技术垄断性的特点。

（一）临时用水及永久用水

房地产企业持申报材料向市自来水公司申请用水，取得自来水管线红线图，并报规划局审批。房地产企业取得自来水工程规划许可证后，要到市勘测院进行放样，有的企业可能会到市政管理处进行破路申请。

（二）临电及永久用电

房地产企业持申报材料向供电局申请用电，取得用电批复。随后，开发拓展部委托供电局组织施工，并通知工程项目部配合。成控部负责相关费用审核。

（三）永久用气办理

房地产企业持申报材料向市天然气公司申请天然气施工，取得天然气施工许可证，并通知工程项目部协助施工。

五、技术独立系统的报建——市政道路、通信网络、供暖

市政道路、通信网络、供暖的报建具有造价高、工期长、等级要求不一、受全线环境影响大等特点。

（一）市政道路

房地产企业向市、区两级政府打报告（形象改善所迫）。政府督促管委会或市政局实施，开发商先与政府签订后期成本补偿协议，将地块周边道路实施计划纳入取得土地的国土合同条款内，与土地款支付计划挂钩。

（二）通信网络、供暖

1. 通信网络办理（前期排他服务协议）

房地产企业持申报材料向市电信局申请电信业务，委托电信设计和施工，并通知工程项目部协助。

2. 供暖办理

房地产企业持申报材料向供暖公司申请电信业务，委托供暖公司施工，并通知工程项目部协助。

六、企业如何构建合适的报建模式和流程

企业可以使用不同的报建模式。具体来说，报建模式主要包括由不同部门分阶段报建模式、由一个部门对外报建模式、报建团队和专业组相结合的报建模式。

某房地产公司开发阶段报建模式体系图如图 4-2-2 所示。

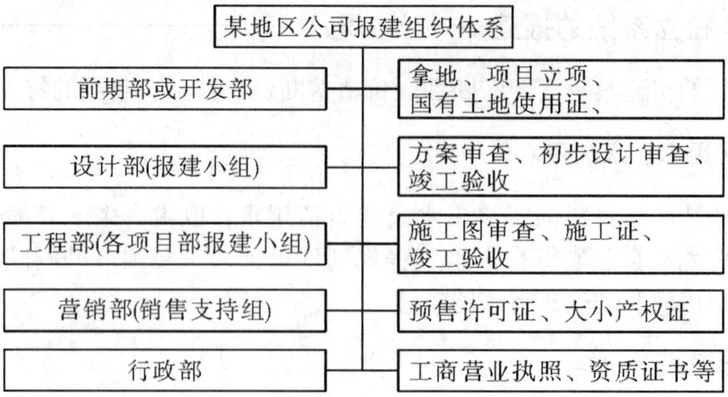

图 4-2-2　某房地产公司开发阶段报建模式体系

七、典型报建难点及技术处理

（一）项目开工建设“抢跑”

项目开工建设“抢跑”的适用范围为中小公司、个别上市公司等。

其具体的方式如下：

（1）承诺建设高标准的公建设施。

（2）承诺企业入驻，并收取税费。

（3）将解决本地人口就业与前期土地获取挂钩。

（二）国土用地红线交叉

有的项目存在国土用地红线交叉问题，其形成原因往往是一地两卖，导致项目报建存在问题。

其解决方式如下：

（1）重新公示，退还其中一家土地款。

（2）居中协调，涉及双方相互收购交叉土地。

（3）与规划局进行协调，容积率在其他各自地块补足。

（4）以交叉土地中心线为界来确定权属。

（三）竣工验收指标

竣工验收指标的处理方式如下：

（1）补交土地出让金，并进行计算博弈（综合考虑商业、住宅、车库的销售收入及补交的出让金等）。

（2）采用建筑设计最低规范指标，规避行业及售后风险。

（四）人防面积“缩水”

人防面积“缩水”的处理方式如下：

（1）对人防异地建设费进行减免，用已开发物业的车库一定时限的收益权进行置换。

（2）前期申请少建人防面积，后期通过整改，将人防部分出售，收益与人民防空办公室按约定比例分配。

八、开发企业关注的报建节点

（一）民营企业关注的开发报建节点

民营企业关注的开发报建的时间跨度为 6~10 个月，详见图 4-2-3。

- 1 - 取得国土使用权证
- 2 - 交地
- 3 - 完成方案设计
- 4 - 完成初步设计
- 5 - 完成施工图设计
- 6 - 取得施工许可证
- 7 - 项目开工
- 8 - 售楼处、样板区开放
- 9 - 取得预售许可证
- 10 - 开盘
- 11 - 完成 40%的销售金额
- 12 - 完成 70%的销售金额
- 13 - 完成 95%的销售金额
- 14 - 景观施工进场
- 15 - 竣工备案
- 16 - 交房
- 17 - 交房完成率 95%

图 4-2-3　民营企业关注的开发报建节点

（二）国有企业关注的开发报建节点

国有企业关注的开发报建的时间跨度为 8 个月及以上，详见图 4-2-4。

- 1 - 土地成交确认书
- 2 - 签订国土合同
- 3 - 取得国土使用权证
- 4 - 完成方案审查
- 5 - 完成初步设计审查
- 6 - 施工图备案
- 7 - 取得施工许可证
- 8 - 项目开工
- 9 - 取得预售许可证
- 10 - 开盘
- 11 - 竣工备案
- 12 - 交房

图 4-2-4　国有企业关注的开发报建节点

（三）报建实际工作中的注意事项

报建实际工作中的注意事项主要有如下几点。

（1）对外报告、请示的合理撰写。

（2）开发工作台账的建立。

（3）特定报建节点的要件分析。

（4）项目规费的统计、缴纳与延期。

九、开发报建团队的建设

（一）团队成员应具备的条件

团队成员应具备的条件如下：

（1）需要经过多个部门的培养和锻炼。

（2）具备独立作战的能力和坚忍不拔的意志。

（3）忠诚于公司或老板。

（4）较高的情商。

（5）具有完备的建筑或房地产开发专业知识背景，同时对相关专业有较深入的理解。

（二）人员的知识结构体系

报建人员需要具备以下知识：建筑专业知识、企业管理知识、人文专业知识、谈判与辩论基础知识、礼仪知识。

（三）奖罚制度

奖罚制度主要包括以下两种：

（1）按照报建进度快慢，适度给予奖励。

（2）根据取得各种报建证照的难易程度和重要性大小，给予一定的奖励。

十、开发报建核心公共关系

（一）开发报建涉及的主要公共关系

房地产项目开发报建涉及的主要公共关系错综复杂，详见表 4-2-1。

表 4-2-1 开发报建涉及主要公共关系

中央政府	规划局	勘测院	公安局
省市政府	住房和城乡建设委员会	测绘所	水务局
区政府	国土资源局	园林局	电力局
管委会	房屋管理局	消防局	燃气公司
	安质监站	人防办	供暖公司

表4-2-1(续)

	交易中心	气象局	民政局
		节能中心	国安局
		市政局	江河道管理局
		环保局	机场管理
		交通局	港务局
		税务局	媒体
			教委

（二）报建的主要公共关系平台

报建的主要公共关系平台如图 4-2-5 所示。

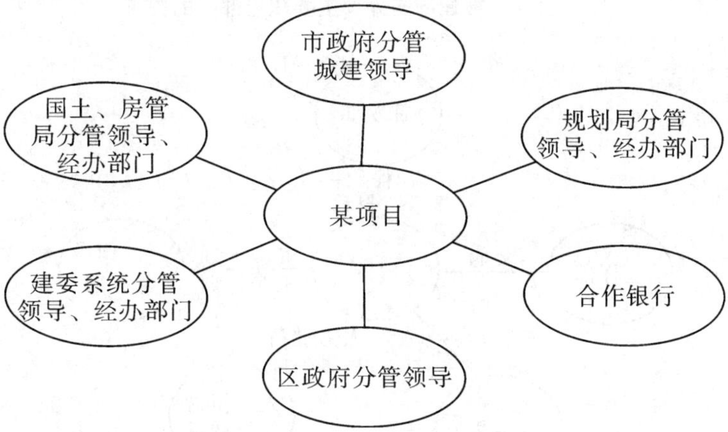

图 4-2-5　报建和主要公共关系平台

（三）报建部与外部主要职能部门的关系

报建与外部主要职能部门的关系如图 4-2-6 所示。

（四）企业内部公共关系平台的搭建

企业内部公共关系平台如图 4-2-7 所示。

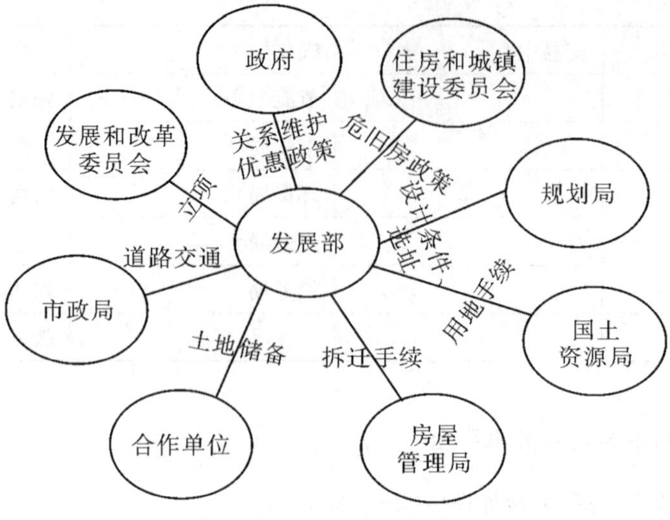

图 4-2-6　报建部与外部主要职能部门的关系

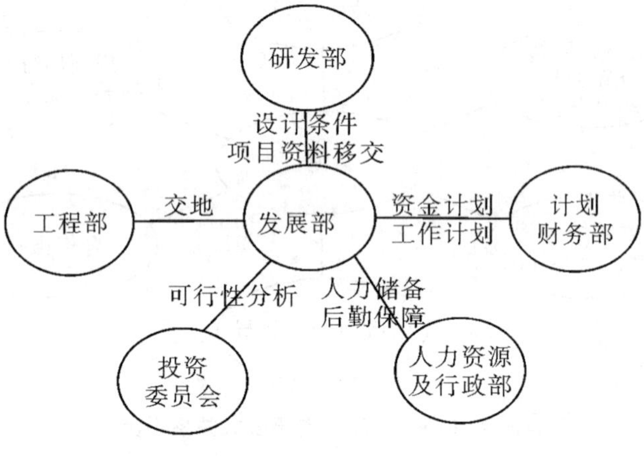

图 4-2-7　报建部与外部主要职能部门的关系

（五）项目报建涉及的相关政府部门

1. 国土系统核心部门

国土系统核心部门的职能及分管领导如表 4-2-2 所示。

表 4-2-2　国土系统核心部门的职能及分管领导

部门	职能	分管领导
土地储备中心	土地储备、出让、调控控规指标	主任
土地利用处	1. 负责国有土地使用权划拨、出让的组织、审查、确认、报批和出让合同管理； 2. 负责土地使用权出让金、土地收益金的征收工作； 3. 负责组织编制、修订、公布全市土地等级和基准地价及土地出让金标准； 4. 负责土地储备与整治的监督管理	科长、处长、分管局长

表4-2-2(续)

部门	职能	分管领导
权籍处	1. 负责城镇、农村土地房屋确权、登记、发证和权籍档案管理； 2. 处理房屋土地权属历史遗留问题； 3. 组织开展土地资源利用调查、动态监测及地籍、房籍权属调查	科长、处长、分管局长

2. 规划系统核心部门

规划系统核心部门的职能及分管领导如表 4-2-3 所示。

表 4-2-3　规划系统核心部门职能及分管领导

部门	职能	分管领导
规划编制处	1. 负责组织编制、修订、评审、审查、报批和呈报全市城镇体系规划、城市总体规划、分区规划、县级以上政府所在地规划，市级以上开发区总体规划、控制性详细规划和各类专业规划； 2. 参与江河流域规划、区域规划、土地利用总体规划编制； 3. 参与全市社会经济发展规划和建设计划、用地计划的制定等	处长、主任科员
用地规划管理处	1. 负责城市规划区、重点地区、重要项目、跨区域项目的建设项目的选址定点； 2. 负责审核建设工程选址意见书及其附件、附图； 3. 参与建设用地计划和土地划拨、出让、转让方案的制定	处长、主任科员
市政规划管理处	1. 负责城市规划区、重点地区、重要项目、跨区域项目的市政、管线工程的规划审查和管理； 2. 负责建设工程道路红线和配套市政管线的规划审查和管理，核发“一书三证”； 3. 负责市政管线规划管理控制线的审查和管理； 4. 负责市政建设项目的规划协调； 5. 负责受理市政工程报建；参与各类规划、建设工程项目的选址、方案审查； 6. 参与违法建设的查处	处长、主任科员 处长、主任科员
建筑规划管理处	1. 承担建筑规划管理政策的拟订、制度建设和规范化管理工作； 2. 承担主城区内建设工程项目规划设计方案和建筑工程项目的建设工程规划许可证的审查报批工作； 3. 承担城市设计有关工作；承担修建性详细规划、重要建筑外装饰设计的审查报批工作； 4. 承担重大建筑工程项目的方案征集工作	处长、主任科员

3. 建设管理系统核心部门

建设管理系统核心部门的职能及分管领导如表 4-2-4 所示。

表 4-2-4　建设管理系统核心部门职能及分管领导

部门	职能	分管领导
勘察设计处	1. 管理工程勘察、设计企业资质和从业人员资格； 2. 负责建设工程初步设计管理、施工图审查备案； 3. 抗震设防和地下空间综合利用管理	处长、分管科员

表4-2-4(续)

部门	职能	分管领导
发展处	1. 城市建设配套费的征收、使用和管理工作； 2. 城市基础设施项目的概预算工作	处长、分管科员
建筑管理处（建设工程招标投标处）	1. 管理建筑业企业、工程监理企业、工程质量检测机构、工程造价咨询单位资质和从业人员资格； 2. 监督管理建设工程施工许可、监理、质量、施工安全、保险、担保、竣工验收等工作； 3. 监督管理建筑材料、建筑机械与设备的施工准入； 4. 拟订建设工程招标政策并监督实施；管理建设工程招标代理机构资质；监督建设工程合同	处长、分管科员
住房建设处	1. 管理房地产开发企业资质、项目转让和项目资本金； 2. 指导全市危旧房改造工作，拟订主城区危旧房改造政策和年度改造计划并监督实施	处长、分管科员

4. 房屋管理局核心部门

房屋管理局核心部门的职能及分管领导如表4-2-5所示。

表4-2-5 房屋管理局核心部门职能及分管领导

部门	职能	分管领导
拆迁处	1. 制订拆迁计划，审查批准拆迁补偿安置方案，核发城市房屋拆迁冻结、拆迁许可证，发布拆迁公告； 2. 裁决房屋拆迁补偿和安置纠纷，按规定实施强制拆迁或申请人民法院强制拆迁； 3. 做好委托拆迁项目的摸底、测算工作	处长、主任科员
物业处	1. 规范后期物业管理招投标行为； 2. 协调物管小区矛盾，配合追缴物业管理维修资金； 3. 负责商品房物业专项维修资金的归集、使用审批及管理工作	处长、主任科员
产权交易所	1. 办理产权大证； 2. 分割小证	所长、经办

十一、公共关系与房地产营销

（一）公共关系在房地产营销中的优势

房地产营销中公共关系的优势主要有以下几点：

（1）公共关系是企业塑造自身形象的最佳途径。

（2）公共关系是实现房地产销售的可靠保障。

（3）公共关系是化解房地产危机事件的有效工具。

（二）公共关系对房地产营销的作用

公共关系对房地产营销的作用主要有以下几点。

（1）公共关系对房地产营销具有较强的支撑作用。公共关系能够透过公共活动，营造出一个公众强烈认同并偏好的氛围，通过唤起公众的心理共鸣进一步唤起其强烈的参与感，从而达到“造势”的目的，形成有利的营销环境。公共关系能够为感性的营销推广提供令人信服的事实和依据，从而以理性的公关活动支持感性的营销推广。房地产项目的消费者十分关注产品的实际卖点，因此仅有感性推广显然是不够的。公共关系则能够借助新闻、第三方证词等形式来完成推广，弥补感性推广的一些不足。

（2）公共关系是房地产营销过程中的重要资源。

（3）公共关系是房地产营销中重要的社会实践。

房地产企业应该建立和保持与各类公众的双向沟通，向公众传播组织信息；争取理解和支持，强化与公众的联系；塑造良好企业形象，扩大企业和品牌认知度，提高企业和品牌美誉度和信誉度。

（4）公共关系是房地产企业战略管理的重要组成部分。

（三）公共关系在房地产营销中的价值

公共关系在房地产营销中的价值主要体现在以下两个方面。

1. 品牌公关

公共关系的品牌推广价值，体现在房地产营销的客户定位阶段、项目策划阶段和项目市场推广阶段以及物业管理阶段。

2. 销售公关

公共关系的销售公关可通过纪念会、庆祝典礼、社会赞助等形式体现。

[案例小结]

本报告主要分析了房地产开发报建工作涉及的主要关键节点，并基于房地产开发企业内部及外部公共关系的建立，结合具体案例，为房地产开发提高开发报建效率提供了非常有意义的实践参考。房地产公共关系工作就是发展一种企业赖以生存的、良好的社会关系网络的活动。企业通过沟通，处理好公司与其内部的全体员工、外部的合作伙伴、竞争者、顾客、政府部门、新闻界、相关社会群体、所在社区等之间的社会关系，推动特定形象的树立，促进产品的销售和企业的发展。同时，公共关系对房地产营销也有较强的支撑作用，可以建立和保持房地产企业与各类公众的双向沟通，向公众传播组织信息，争取理解和支持，强化与公众的联系；可以塑造良好企业形象，扩大企业和品牌认知度，提高企业和品牌美誉度和信誉度。

[思考题]

（1）房地产开发项目规划设计阶段报建需要注意哪些问题？

（2）房地产项目报建涉及与哪些政府部门的公共关系？

第五篇
项目销售及推广阶段

案例

某项目营销大纲

［案例综述］

同进理想城位于上海市普陀区桃浦镇，由上海致臻实业发展有限公司建成，总建筑面积为 33 908 平方米，共计房屋 1 489 户。本项目的营销推广方案是在 2014 年销售量的基础上，制定的 2015 年的余房推广方案。余房或尾盘的销售一直是开发商头痛的事情，但无论是新房销售还是尾房销售，最终都脱离不了市场、产品、客户。企业只有做好了项目的市场定位和客户定位，清楚了解项目滞销的原因，才能有针对性地开展促销活动，从而很好地解决尾房销售的问题。

［案例全文］

一、项目体量及营销目标

同进理想城项目的主要产品包括 LOFT、商铺、车位三种类型，详见表 5-1-1。

表 5-1-1　同进理想城项目的主要产品及目标

项目类型	数量	目标
LOFT	285 套	余房按均价 18 500 元/平方米计算，余房总销售额为 2.5 亿元
商铺	19 套	地上 11 套，均价 28 000 元/平方米；地下 8 套，均价 12 000 元/平方米；综合均价 18 466 元/平方米；去化率 60%的余房总销售额约 5 000 万元
车位	421 个	地下车位 421 个，均价 6 万/个，去化率 70%，1 770 万元

本次主要针对余房制定推广方案，表 5-1-2 为统计的本项目总销售额的销售签约情况。

表 5-1-2　本项目的签约情况

楼栋	1 号楼	2 号楼	3 号楼	4 号楼	5 号楼	6 号楼	7 号楼	8 号楼	合计
余房面积/平方米	224.8	1 221.28	463.63	2 367.47	148.09	362.32	5 800.37	1 283.69	11 871.65
余房总销/元	3 730 000	23 349 695	9 497 762	43 907 064	2 540 000	6 620 000	113 107 215	23 960 000	226 711 736
余房均价/元·平方米	16 593	191 193	20 486	18 546	17 152	18 271	19 500	18 665	19 097
楼栋	1 号楼	2 号楼	3 号楼	4 号楼	5 号楼	6 号楼	7 号楼	8 号楼	合计
签约面积/平方米	8 109.07	3 597.9	9 480.83	7 055.82	9 972.46	4 629.16	3 480.87	8 360.34	54 686.45
余房总销/元	132 932 863	65 795 714	138 431 541	136 733 876	148 502 395	87 054 591	75 119 195	148 920 163	933 490 338
签约均价/元/平方米$^{-1}$	16 393	18 287	14 601	19 379	14 891	18 806	21 581	17 813	17 070
楼栋	1 号楼	2 号楼	3 号楼	4 号楼	5 号楼	6 号楼	7 号楼	8 号楼	合计
面积/平方米	8 333.87	4 819.18	9 944.46	9 423.29	10 120.55	4 991.48	9 281.24	9 644.03	66 558.1
总销售额/元	136 662 863	89 145 409	147 929 303	180 640 940	151 042 395	93 674 591	188 226 410	172 880 163	1 160 202 074
栋均价/元·平方米$^{-1}$	16 398	18 498	14 876	19 170	14 924	18 767	20 280	17 926	17 431

2 号楼和 4 号楼仍然按照正常情况进行销售，其价格保持不变。1 号楼、3 号楼、5 号楼、6 号楼、8 号楼按照特价房的价格进行促销。

由此可见，整盘余房的去化压力来自 7 号楼剩余的 121 个余房。余房的价格背离市场行情，市场认同度较低。如果要保持正常的去化速度，余房价格可参考目前 4 号楼的执行价格。

二、营销工作回顾

2014 年度营销工作回顾如图 5-1-1 所示。

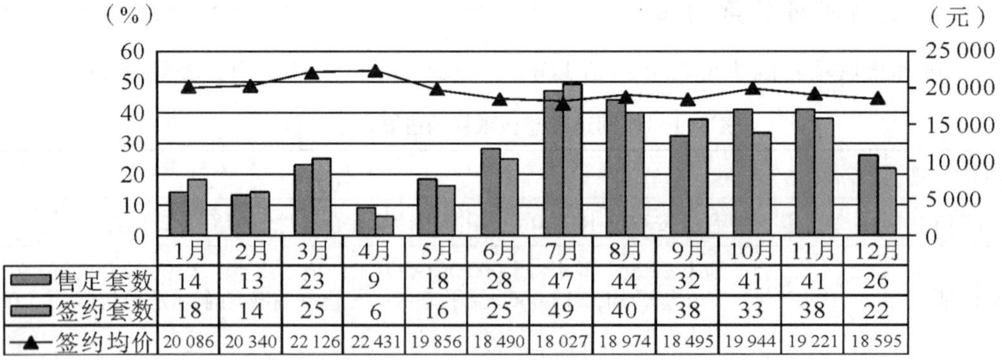

图 5-1-1　2014 年度营销工作回顾

表 5-1-3 是 2014 年各季度销售情况统计。

表 5-1-3　2014 年各季度销售情况统计

时间	销售情况
一季度	2013 年第四季度余房价格快速提升，2014 年初突遇市场转冷，且正逢淡季，传统媒体效能较差，成交量一路下滑
二季度	二季度市场供应量增大，竞品纷纷低价跑量，主流媒体基本失能，5 月降价促销且引进中介，销量开始回升
三季度	三季度紧抓中介上客量，深挖老客户，快速推进全民营销，频繁制造话题促销，余房打包促销策略取得成效
四季度	四季度市场持续增量，受住宅新政影响，整体市场开始下滑，商办类产品受市场关注度较低，销量下滑陷入瓶颈期

（一）营销效能分析

表 5-1-4 是 2014 年各季度营销效能分析。

表 5-1-4　2014 年各季度营销效能分析

时间	业绩达成	营销动作	效果评估
一季度	来人 213 组 售足 50 套 签约 57 套	价格调整：7 号楼余房均价调整至 23 000 元/平方米	一季度正逢春节档期，线上媒体效能偏弱，仅依靠少有的线下媒体，效果反馈一般
二季度	来人 547 组 售足 55 套 签约 47 套	中介联动：5 月 17 日启动中介联动房源加推：加推 2 号楼（均价 18 500 元/平方米）； 节点促销：6 月 28 日推出第一批特价房	二季度市场继续转冷，供应量增大，4 月更是跌入历史成交最低点，主流媒体基本失能
三季度	来人 831 组 售足 123 套 签约 127 套	房源加推：7 月 26 日加推 7 号楼 专项激励：7 月和 8 月增加 1 万元/套中介成交激励； 节点促销：8 月 1 日、8 月 16 日、8 月 30 日、9 月 26 日针对 4 号楼 4 次调整余房价格	三季度通过价格调整，线上发声，线下通过中介带动人气，不断制造话题促销，成交量基本恢复正常
四季度	来人 720 售足 108 套 签约 93 套	专项激励：9 月 26 日-10 月 31 日针对 2 号楼给予中介 1 万元成交激励； 节点促销：双十一、感恩季、双十二和圣诞季分别推出四批特价房	10 月通过交房期间老业主维护，推进全民营销，中介保持积极带客，势头较稳，但后期受新政出台影响，上客量急速下滑，中介带看热度下降

（二）通路分析——来电分析

来电分析是指电话咨询客户是通过什么途径（媒体）知道本项目的。表 5-1-5 是 2014 年通路分析——来电分析情况汇总。

表 5-1-5　2014 年通路分析——来电分析情况

分类	来电媒体	数量/个	百分比/%	
大众媒体	搜房网	172	36.67	66.52
	安居客	71	15.14	
	腾讯	20	4.26	
	搜狐焦点	14	2.99	
	新浪乐居	1	0.21	
	爱房网	3	0.64	
	其他网络	2	0.43	
	今日房产	27	5.76	
	星地产	2	0.43	
直效媒体	电信账单	21	4.48	5.54
	短信	5	1.07	
拓展	派单	18	3.84	6.61
	巡展	12	2.56	
	房展会	1	0.21	
户外阵地	引导旗	2	0.43	8.10
	高炮	10	2.13	
	楼幅	26	5.54	
介绍	已购介绍	31	6.61	13.22
	未购介绍	31	6.61	
合计		469	100.00	

2014 年受整体市场影响，主流媒体与往年相比效能下降非常明显，因此本案也减少了一定的投入。搜房网仅在上半年和下半年各投放一期，电视媒体效能下降最为明显；受政府机构限制，短信基本暂停投放，后转用电信账单替换短信，但收效不大；本案客层覆盖区域较为宽泛，因此在失去线上媒体的保障后，拓展类导客受限较为严重；2014 年是交房年，阵地和户外的展示条件也受到一定的限制，因此阵地媒体效果不明显；相比其他媒体，随着本案客户资源滚动积累，介绍可以始终保证较高的占比。

（三）2014 年来电媒体评估

2014 年来电媒体评估如图 5-1-2 所示。

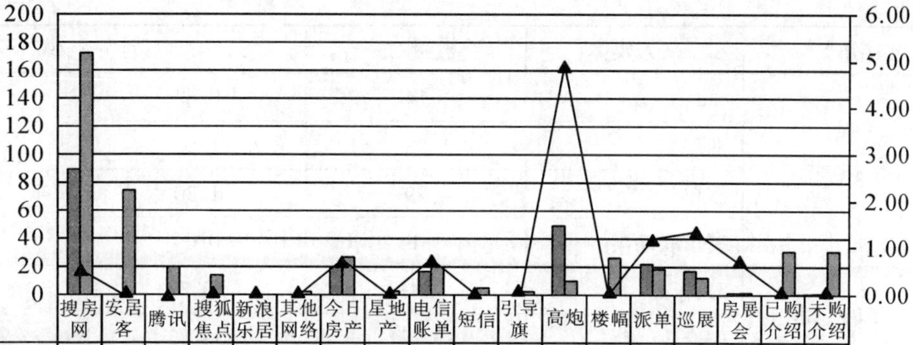

	搜房网	安居客	腾讯	搜狐焦点	新浪乐居	其他网络	今日房产	星地产	电信账单	短信	引导旗	高炮	楼幅	派单	巡展	房展会	已购介绍	未购介绍
媒体实际支出	89.55	0.00	0.00	0.00	0.00	0.00	19.12	0.00	16.2	0.00	0.00	49	0.00	21.82	16.17	0.72	0.00	0.00
来电	172	74	20	14	1	2	27	2	21	5	2	10	26	18	12	1	31	31
单位来电成本	0.52	0.00	0.00	0.00	0.00	0.00	0.71	0.00	0.77	0.00	0.00	4.90	0.00	1.21	1.35	0.72	0.00	0.00

图 5-1-2　2014 年度来电媒体评估

所有来电媒体中，效能排序为网络媒体>介绍媒体>户外阵地>拓展>电视媒体>直效媒体。

网络媒体中，来电效果排序为搜房>安居客>腾讯>搜狐>其他网络；介绍媒体中，来电效果排序为已购=未购；户外阵地中，来电效果排序为阵地楼幅>高炮>引导旗；拓展类中，来电效果排序为派单>巡展>房展会。

在 2015 年的媒体选择上，应以 2014 年为鉴，网络媒体、介绍类效能较高可保留，其他通路有待提升优化。

（四）通路分析——来人分析

来人分析是指通过对来访现场的客户谈话内容分析年龄、职业、收入等特征。表 5-1-6为 2014 年通路分析——来人分析情况汇总。

表 5-1-6　2014 年通路分析——来人分析情况

分类	来人媒体	数量/个	百分比/%	
大众媒体	搜房网	183	8. 18	12. 16
	安居客	46	2. 06	
	搜狐焦点网	10	0. 45	
	新浪乐居	3	0. 13	
	爱房网	1	0. 04	
	腾讯	6	0. 27	
	其他网络	1	0. 04	
	今日房产	17	0. 76	
	星地产	5	0. 22	
直效媒体	电信账单	14	0. 63	0. 63

表5-1-6(续)

分类	来人媒体	数量/个	百分比/%	
拓展	call 客	14	0.63	3.22
	巡展	28	1.25	
	派单	29	1.30	
	餐馆联动	1	0.04	
51 电商	51 电商	241	10.77	67.59
	中介	1 271	56.82	
户外阵地	楼幅	46	2.06	2.59
	高炮	5	0.22	
	围墙	7	0.31	
介绍	案场推荐	25	1.12	13.81
	已购介绍	144	6.44	
	未购介绍	140	6.26	
合计		2 237	100.00	

2014 年受整体市场影响和地方政府的调控影响，上半年整体市场趋冷，传统主流媒体效能下降明显，主流媒体来访量仅占 12.16%。

直效媒体和拓展类媒体的投放也受到不同程度的限制，2014 年以来曾两度因派发单页而遭受电话停机处罚；户外阵地媒体受限于本案地理位置不够突出和工程实际情况不允许悬挂楼幅等因素的影响，因此此类媒体与往年相比效能下降非常明显。

（五）2014 年来人媒体评估

2014 年来人媒体评估如图 5-1-3 所示。

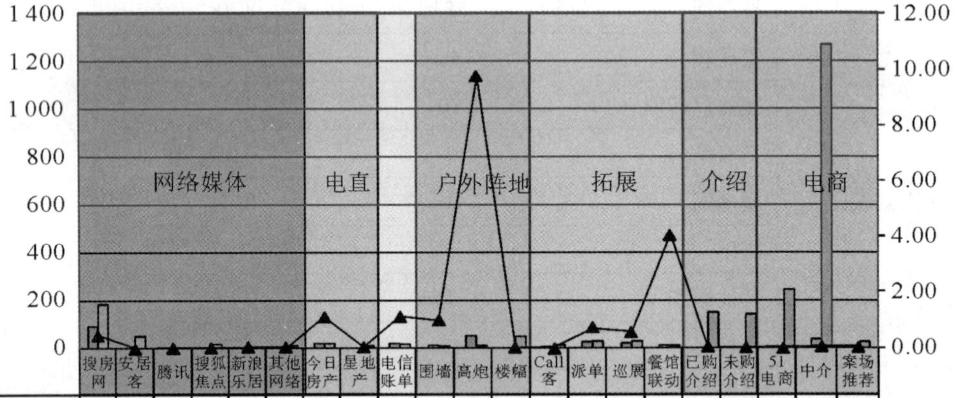

	搜房网	安居客	腾讯	搜狐焦点	新浪乐居	其他网络	今日房产	星地产	电信账单	围墙	高炮	楼幅	Call 客	派单	巡展	餐馆联动	已购介绍	未购介绍	51 电商	中介	案场推荐
媒体实际支出	89.55	0.00	0.00	0.00	0.00	0.00	19.12	0.00	16.2	7.00	49	0.00	0.00	21.82	16.17	4.08	0.00	0.00	0.00	34.00	0.00
来人	183	47	6	10	3	1	17	5	14	7	5	46	14	29	28	1	144	140	241	1271	25
单位来人成本	0.49	0.00	0.00	0.00	0.00	0.00	1.12	0.00	1.16	1.00	9.80	0.00	0.00	0.75	0.58	4.08	0.00	0.00	0.00	0.03	0.00

图 5-1-3　2014 年来人媒体评估

所有来人媒体中，效能排序为电商>介绍>网络媒体>拓展>户外阵地>电视媒体>直效媒体。

网络媒体中，来人效果排序为搜房>安居客>搜狐>腾讯>其他网络；介绍媒体中，来人效果排序为已购>未购；户外阵地中，来人效果排序为阵地楼幅>围墙>高炮；拓展类中，来人效果排序为派单>巡展>其他；电商媒体类中，来人效果排序为中介>51 自身渠道>案场推荐。

从单位来人成本来看，媒体效能排序为介绍>51 电商>中介>搜房>巡展>派单>围墙>今日房产>电信账单>其他。

在 2015 年的媒体选择上，应以 2014 年为鉴，中介为本案重要上客渠道，其次以已购、未购为主，线上主要为各大门户网站。

（六）通路分析——成交分析

表 5-1-7 为 2014 年通路分析——成交分析情况汇总。

表 5-1-7　2014 年通路分析——成交分析情况

分类	成交媒体	数量/个	百分比/%	
大众媒体	搜房网	32	9.79	14.68
	安居客	6	1.83	
	搜狐焦点网	1	0.31	
	腾讯	2	0.61	
	新浪乐居	1	0.31	
	今日房产	5	1.53	
	星地产	1	0.31	
51 电商	51 电商	38	11.62	50.15
	中介	126	38.53	
直效媒体	电信账单	2	0.61	0.61
拓展	巡展	1	0.31	2.75
	派单	4	1.22	
	call 客	3	0.92	
	餐馆联动	1	0.31	
户外阵地	高炮	1	0.31	3.36
	楼幅	10	3.06	
介绍	案场推荐	6	1.83	28.44
	已购介绍	50	15.29	
	未购介绍	37	11.31	
合计		327	100.00	

2014 年受整体市场影响和区域市场竞品以价换量的双重影响，本案的成交媒体也发生了较大的变化。由于主流媒体效能急速下降，本案作为全市型主导的项目受限较大，同比 2013 年降幅约 60%；5 月 17 日，本案调整渠道上客策略，快速启动中介上客，避免本案的到访客被竞品截留，年度中介上客占比 56%，成交占比 38%，控制在较为合理的范围内；由于线上媒体基本失能，线下拓客难度增大，且收效不大；2014 年是本案的交房年，随着老客户的基数不断增加，客户介绍占比稳定，占比 28%，因此 2015 年应深挖老客户资源，加强全民营销的推荐力度将是本案的重中之重。

（七）2014 年成交媒体评估

2014 年成交媒体评估如图 5-1-4 所示。

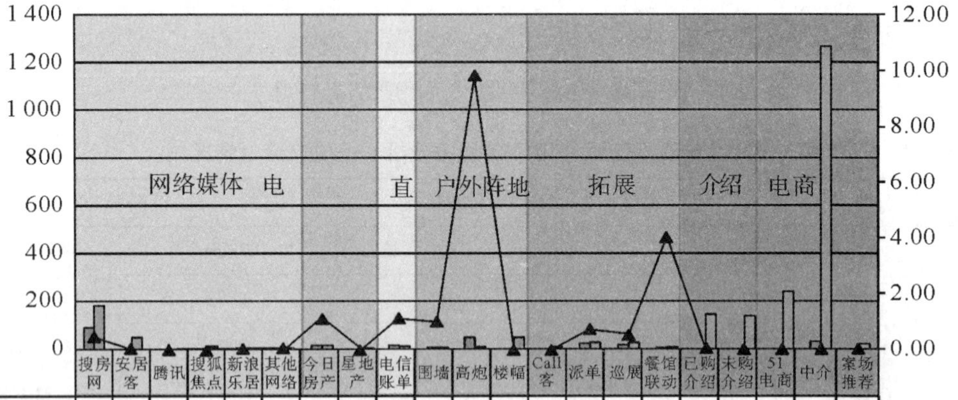

	搜房网	安居客	腾讯	搜狐焦点	新浪乐居	其他网络	今日房产	星地产	电信账单	围墙	高炮	楼幅	Call客	派单	巡展	餐馆联动	已购介绍	未购介绍	51电商	中介	案场推荐
媒体实际支出	89.55	0.00	0.00	0.00	0.00	0.00	19.12	0.00	16.2	7.00	49	0.00	0.00	21.82	16.17	4.08	0.00	0.00	0.00	34.00	0.00
来人	183	47	6	10	3	1	17	5	14	7	5	46	14	29	28	1	144	140	241	1271	25
单位来人成本	0.49	0.00	0.00	0.00	0.00	0.00	1.12	0.00	1.16	1.00	9.80	0.00	0.00	0.75	0.58	4.08	0.00	0.00	0.00	0.03	0.00

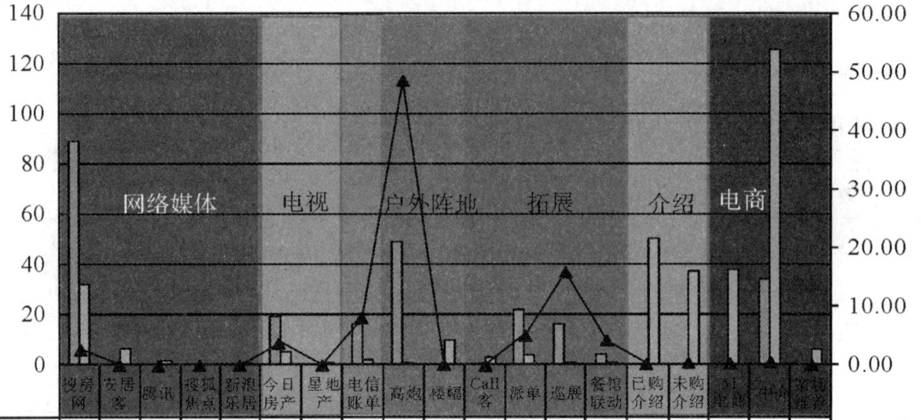

	搜房网	安居客	腾讯	搜狐焦点	新浪乐居	今日房产	星地产	电信账单	高炮	楼幅	Call客	派单	巡展	餐馆联动	已购介绍	未购介绍	51电商	中介	案场推荐
媒体实际支出	89.55	0.00	0.00	0.00	0.00	19.12	0.00	16.2	49	0.00	0.00	21.82	16.17	4.08	0.00	0.00	0.00	34.00	0.00
成交	32	6	2	1	1	5	1	2	1	10	3	4	1	1	50	37	38	126	6
单位成交成本	2.80	0.00	0.00	0.00	0.00	3.82	0.00	8.10	49.00	0.00	0.00	5.46	16.17	4.08	0.00	0.00	0.00	0.27	0.00

图 5-1-4　2014 年成交媒体评估

所有成交媒体中，效能排序为电商>介绍>网络媒体>户外阵地>拓展>电视媒体>直效媒体。

网络媒体中，成交效果排序为搜房>安居客>腾讯>搜狐>其他网络；介绍媒体中，成交效果排序为已购>未购；户外阵地中，成交效果排序为阵地楼幅>围墙>高炮；拓展类中，成交效果排序为派单>巡展>其他；电商媒体类，成交效果排序为中介>51自身渠道>案场推荐。

从单位成交成本来看，成交效果排序为介绍>电商>中介>搜房>今日房产>餐馆联动>派单>电信账单>巡展>高炮。

在2015年的媒体选择上，应以2014年为鉴，中介为本案重要成交渠道，其次以已购、未购为主，线上主要为各大门户网站。对于业主满意度和中介的激励保障，必须予以加强，其他通路择优保留。

截至2014年11月30日，项目总计支出营销费用317.6万元。

从月度媒体支出来看，二季度>三季度>四季度>一季度，营销支出与各季度营销实施情况相符，一季度面对新年假期，相对投入较少。从3月开始，由于进入二季度后进行了及时调整，高中低空的投入都有所加大。三季度相继推出了项目的2、4号楼，并采取了中介等相应措施。四季度10月至交房，后续媒体支出相继减少。

从渠道媒体支出来看，媒体类>中介奖励>拓展类>物料类>包装类>案场激励>礼品类。

鉴于前面的成交媒体效能分析，2015年应将更多的媒体预算花到给客户的“礼品”，给客户的体验“包装”，给中介、案场业务人员的“奖励”几大方面上。

2014年渠道媒体支出如图5-1-5所示。

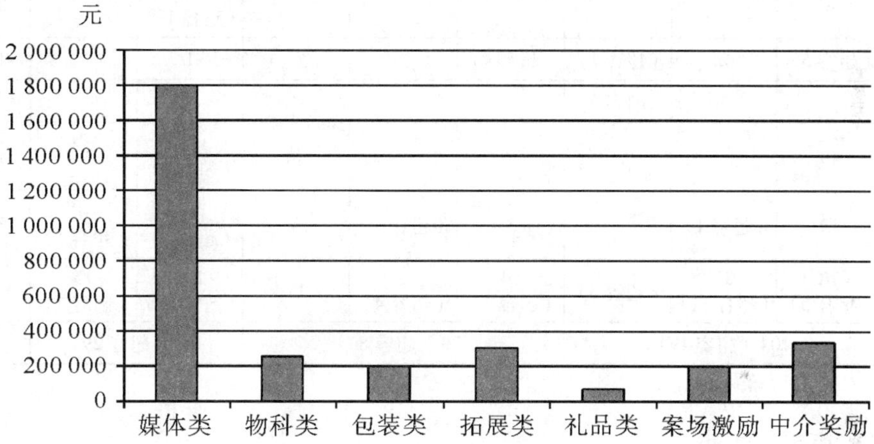

图5-1-5　2014年渠道媒体支出

（八）营销得失

本项目的营销得失主要包括以下内容。

（1）价格标杆。面对市场及竞品价格压力，坚持价值和价格标杆占位，单价高出区域市场5 000元以上，并且取得相应销售量，总销售额位列全市第8名。

（2）应时而动。在市场变化之下，根据开发商方向进行选择，及时调整营销部署，在渠道整合、房源补充、价格优化和节点促销上高效执行，实现销售突破。

（3）效能优化。整体营销费用控制在317万元，套均成交成本约9 635元，优于行业平均标准。

（4）业绩达成。全年销售330套，总销售额2.99亿元，回款3.46亿元，年度均价 19 300 元/平方米，与年初预期有一定差距。

（5）客户运营。在交房后，受物业客户满意度影响，业主口碑及老带新效能直线下降。

（6）项目形象。项目进入现房阶段，受区域形象及配套展示影响，项目现房体验感未起到加分作用。

三、房源盘点

（一）LOFT

表 5-1-8 为 LOFT 的房源盘点。

表 5-1-8　lLOFT 的房源盘点

<table>
<tr><th>房源</th><th>南 55</th><th>西 55</th><th>东 55</th><th>南 41</th><th>东 41</th><th>西 41</th><th>北 41</th><th>北 55</th><th>合计</th></tr>
<tr><td>1 号楼</td><td></td><td>11
（超容 8）</td><td></td><td></td><td></td><td></td><td></td><td></td><td>11（8）</td></tr>
<tr><td>2 号楼</td><td></td><td></td><td></td><td>11</td><td></td><td></td><td>16</td><td></td><td>27</td></tr>
<tr><td>3 号楼</td><td>4</td><td>4
（超容 2）</td><td></td><td></td><td></td><td></td><td>3</td><td></td><td>11（2）</td></tr>
<tr><td>4 号楼</td><td>8</td><td></td><td></td><td></td><td>1</td><td></td><td>48
（超容 14）</td><td></td><td>57（14）</td></tr>
<tr><td>5 号楼</td><td>（超容 5）</td><td>2</td><td>（超容 1）</td><td>（超容 4）</td><td></td><td></td><td>1</td><td></td><td>13（10）</td></tr>
<tr><td>6 号楼</td><td></td><td>5</td><td>（超容 2）</td><td></td><td></td><td></td><td></td><td></td><td>7（2）</td></tr>
<tr><td>7 号楼</td><td>49</td><td></td><td></td><td>36</td><td></td><td>8</td><td>28
（超容 9）</td><td>9</td><td>130（9）</td></tr>
<tr><td>8 号楼</td><td>12</td><td>（超容 1）</td><td></td><td>3</td><td>（超容 4）</td><td>3</td><td>6
（超容 5）</td><td>6
（超容 1）</td><td>35（11）</td></tr>
<tr><td rowspan="2">合计</td><td>78
（超容 5）</td><td>23
（超容 11）</td><td>（超容 3）</td><td>54
（超容 4）</td><td>5
（超容 4）</td><td>11</td><td>102
（超容 28）</td><td>15
（超容 1）</td><td rowspan="2">291</td></tr>
<tr><td colspan="3">104（超容 19）</td><td colspan="3">70（超容 8）</td><td colspan="2">117（超容 29）</td></tr>
</table>

（二）商铺

1. 地上部分

①1 号楼

101：面积 141.7 平方米，面宽 8.43 米，进深 15.81 米。

102：面积 146.72 平方米，面宽 8.43 米，进深 17.21 米。

103：面积 115.92 平方米，面宽 8.53 米，进深 14.81 米。

②2 号楼

101：面积 176.75 平方米，面宽 16.55 米，进深 8.15 米。

102：面积 240.1 平方米，面宽 16.43 米，进深 16.55 米中。

③3 号楼

101：面积 161.02 平方米，面宽 8.15 米，进深 16.3 米。

102：面积 182.74 平方米，面宽 17.57 米，进深 9.85 米。

103：面积 94.57 平方米，面宽 8.76 米，进深 10.29 米。
104：面积 180.94 平方米，面宽 8.35 米，进深 16.3 米。
105：面积 165.96 平方米，面宽 16.8 米，进深 8.15 米。
106：面积 161.56 平方米，面宽 8.15 米，进深 16.3 米。

2. 地下部分

表 5-1-9 为商铺地下部分的房源盘点。

表 5-1-9　商铺地下部分的房源盘点

房源	面积/平方米
01	301.68
02	499.56
03	247.14
04	435.29
05	183.27
06	242.18
07	268.39
08	424.34

（三）车位

地下车位总数共 421 个。本案的地下车位主要集中在 4 号楼、5 号楼以北、7 号楼和 8 号楼以南。地下车位相对较为集中，导致 1 号、2 号和 3 号楼的业主出入动线不流畅。

四、市场背景

（一）宏观经济

国内经济处于“触底”阶段，经济改革与结构调整还在持续，落后于美英等发达国家复苏节奏。受国际金融危机、国内宏观经济结构改革等国内外多重因素影响，我国经济增速明显放缓。2012 年二季度以来，经济增速已在 7.8%以下低位徘徊 24 个月以上。

2014 上半年，中国经济继续探底，国内生产总值增速回落至 7.4%，创 2009 年一季度以来新低。

克强指数（Li keqiang index），是英国著名政经杂志《经济学人》在 2010 年推出的用于评估中国 GDP 增长量的指标，源于李克强总理 2007 年任职辽宁省委书记时，喜欢通过耗电量、铁路货运量和贷款发放量三个指标分析当时辽宁省经济状况。该指数是工业用电量新增、铁路货运量新增和银行中长期贷款新增的结合。自推出后，克强指数受到花旗银行在内的众多国际机构的认可。

2014 年以来，克强指数中的发电量、铁路货运量掉头向下，其中铁路货运量更是出现负增长，且创出金融危机以来新低，这预示着中国经济增长面临较大压力。

GDP 增速与房地产投资增速呈现同跌同涨的紧密关系。当前经济结构深化改革与转型继续推进导致经济增速下滑压力加大，房地产投资增速下滑，楼市亦供大于求，已进入触底阶段。

总体来说，GDP 增速下降，内需疲软，投资瓶颈，进出口下降，人民币即将步入贬值趋势，不动产投资将成为最有价值的保障。

（二）宏观政策

逐步具备放开限购的基础条件，未来将通过双向调控机制满足不同人群需求，限购放开后对于商办产品客户分流影响较大。2014 年 10 月 29 日，李克强主持召开国务院常务会议，部署推进消费扩大和升级，要求重点推进六大领域消费，其中包括稳定住房消费、加强保障房建设、放宽提取公积金支付房租条件。

具体举措包括保障房建设任务保证；房产税机制稳步推进；限贷合理放开，信贷市场化；限购视情况分层级放开。

（三）全市公寓市场

2014 年市场背景—全市公寓市场情况如图 5-1-6 所示。

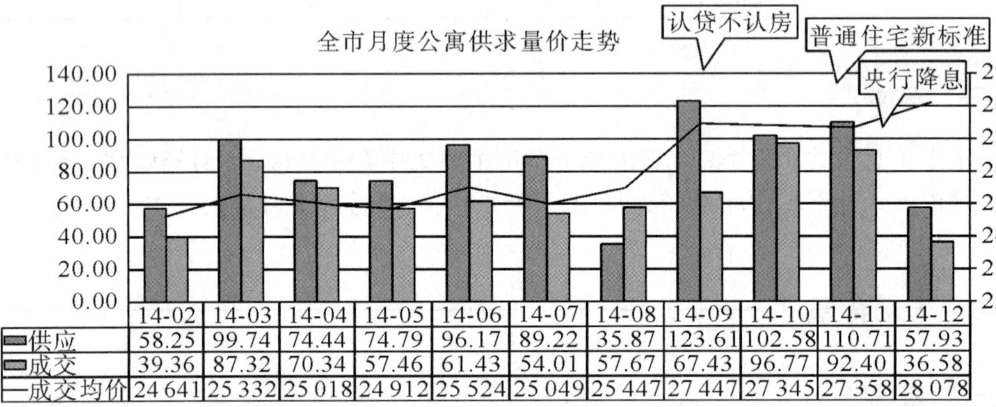

	14-02	14-03	14-04	14-05	14-06	14-07	14-08	14-09	14-10	14-11	14-12
供应	58.25	99.74	74.44	74.79	96.17	89.22	35.87	123.61	102.58	110.71	57.93
成交	39.36	87.32	70.34	57.46	61.43	54.01	57.67	67.43	96.77	92.40	36.58
成交均价	24 641	25 332	25 018	24 912	25 524	25 049	25 447	27 447	27 345	27 358	28 078

图 5-1-6　2014 年市场背景—全市公寓市场情况

2014 年整体市场较平稳，但由于四季度以来的政策刺激，促使公寓市场后市爆发，预计 2015 年公寓市场前景较好。

（四）全市类住宅市场

2014 年市场背景—全市类住宅市场情况如图 5-1-7 所示。

在限购限贷政策未松绑之前，类住宅市场成交量相对较平稳，但由于四季度以来的新政刺激，使得类住宅成交量受到较大冲击。大量原本受政策限制，被迫购买类住宅产品的刚需客户，被住宅产品所分流。

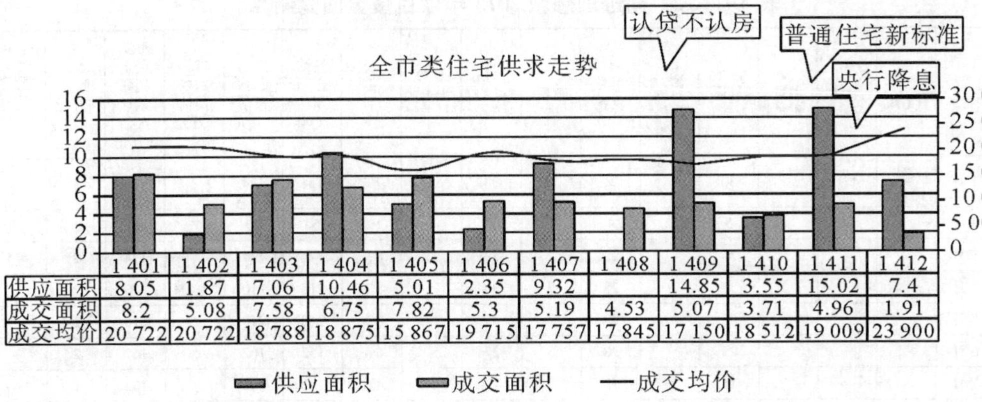

图 5-1-7　2014 年市场背景—全市类住宅市场情况

(五）全市类住宅成交 TOP10

2014 年全市类住宅成交 TOP10 表 5-1-10。

表 5-1-10　全市类住宅成交 TOP10

排名	项目	区县	成交面积/平方米	成交套数	套均面积/平方米	成交总价/万元	成交均价/元	套均总价/元
1	旭辉 U 天地	嘉定南翔	41 576	854	48. 68	62 478	15 028	73
2	万乐城	闵行吴泾	33 388	1 129	29. 57	61 360	18 378	54
3	金巢大厦	徐汇枫林	18 359	278	66. 04	49 599	27 016	178
4	卓越商务中心	奉贤南桥	35 589	572	62. 22	47 140	13 246	82
5	嘉定方舟商业中心	嘉定主城区	39 891	721	55. 33	47 067	11 799	65
6	马陆眼光菩提公馆	嘉定主城区	29 661	469	63. 24	41 786	14 088	89
7	印象春城	南汇周康	13 731	275	49. 93	30 992	22 571	113
8	同进理想城	普陀桃浦	14 890	312	47. 72	28 717	19 286	92
9	合景峰会	嘉定主城区	20 879	427	48. 9	22 450	10 752	53
10	悦达南郊华都	奉贤南桥	19 197	419	45. 82	21 354	11 124	51

全市类住宅成交 TOP10 主要集中在嘉定区主城区板块，其中同进理想城排在第八位，成交 312 套，月均去化 26 套，成交均价 19 286 元/平方米。

宏观市场总结：

2014 年，前三季度因受限购限贷政策影响，持续低迷状态，四季度受新政刺激，市场迅速反转，供需两旺，量价齐升。

五、推售计划

推售原则为把握时机、安全跑量、交叉挤压、价量均衡。

2015 年同进理想城项目资金回笼测算表见表 5-1-12。

表 5-1-12　同进理想城 2015 年项目资金回笼测算

时间	销售档期	公开案量/套	公开案量/平方米	售足目标/套	售足目标/平方米	当月应签	待签	预估签约/套	签约目标/平方米	去化率/%	签约金额预估/万元	签约回款预估/万元	贷款到账预估/万元	月度资金到账累计预估/万元	佣金/万元	媒体预算/万元
2013 年 1 月	发售车位	421		30		24	6	24		7%	144	144	/	144	1	
2013 年 2 月				5		4	1	10		1%	60	60	/	60	1	
2013 年 3 月				35		28	7	29		8%	174	174		174	2	
2013 年 4 月				35		28	7	35		8%	210	210		210	2	
2013 年 5 月				35		28	7	35		8%	210	210		210	2	
2013 年 6 月				25		20	5	27		6%	162	162		162	2	
2013 年 7 月				15		12	3	17		4%	102	102		102	1	
2013 年 8 月				15		12	3	15		4%	90	90		90	1	
2013 年 9 月				30		24	6	27		7%	162	162		162	2	
2013 年 10 月				30		24	6	30		7%	180	180		180	2	
2013 年 11 月				20		16	4	22		5%	132	132		132	1	
2013 年 12 月				20		16	4	20		5%	120	120		120	1	
合计				295		236		291		70%	1 746	1 746		1 746	18	

注：以上资金回笼计划按照 80%月度成功签约率并按签约当天不低于 50%首付款，贷款 50%两个月内到账进行测算。佣金先按 0.65%结算，佣金溢价比暂以 1：0.75 计算。

推售计划—7 号楼余房销售计划

专项促销：活动期限内成功签约赠送客户 5 万元装修基金首付贷贴息：开发商全额贴补首付贷利息（无抵押贷款：贷款额度不超过自付部分；有抵押贷款：贷款额不超过抵押物的 70%）。购房礼包：活动期间成功签约送 2 年物业费和 3 万元地下车位抵用券。

六、推广规划

（一）2014 年成交客户特征

1. 成交客户区域（见表 5-1-13）

表 5-1-13　成交客户区域统计

成交区域		成交套数/套	百分比/%	
区域客	普陀区	75	22. 80	37. 39
	嘉定区	20	6. 08	
	宝山区	28	8. 51	
轨交导入客	徐汇区	22	6. 69	15. 81
	长宁区	21	6. 38	
	静安区	9	2. 74	
城市快速道路导入客	杨浦区	10	3. 04	15. 20
	虹口区	19	5. 78	
	闸北区	21	6. 38	

表5-1-13(续)

<table>
<tr><th colspan="2">成交区域</th><th>成交套数/套</th><th colspan="2">百分比/%</th></tr>
<tr><td rowspan="3">泛市区客</td><td>闵行区</td><td>21</td><td>6. 38</td><td rowspan="3">18. 84</td></tr>
<tr><td>黄浦区</td><td>14</td><td>4. 26</td></tr>
<tr><td>浦东新区</td><td>27</td><td>8. 21</td></tr>
<tr><td rowspan="3">郊区客</td><td>青浦区</td><td>7</td><td>2. 13</td><td rowspan="3">4. 86</td></tr>
<tr><td>松江区</td><td>8</td><td>2. 43</td></tr>
<tr><td>金山区</td><td>1</td><td>0. 30</td></tr>
<tr><td>其他</td><td>外省市</td><td>26</td><td>7. 90</td><td>7. 90</td></tr>
<tr><td colspan="2">合计</td><td>329</td><td colspan="2">100. 00</td></tr>
</table>

2. 成交客户职业

表 5-1-14 成交客户职业统计

成交客户职业	成交套数/套	百分比/%
服务业	91	27. 66
贸易业	49	14. 89
金融保险业	36	10. 94
建筑业	20	6. 08
制造业	20	6. 08
私营业主	17	5. 17
IT 业	16	4. 86
医生律师	16	4. 86
自由业	15	4. 56
广告业	13	3. 95
运输物流	13	3. 95
文体娱乐	10	3. 04
国家机关	8	2. 43
文教事业	5	1. 52
合计	329	100. 00

3. 成交客户年龄（表 5-1-15）

表 5-1-15 成交客户年龄统计

年龄阶段	成交套数/套	百分比/%
20～25	35	10. 64
26～30	97	29. 48
31～35	72	21. 88

5-1-15(续)

年龄阶段	成交套数/套	百分比/%
36~40	39	11.85
41~45	45	13.68
46~50	18	5.47
51~55	13	3.95
55 以上	10	3.04
合计	329	100.00

4. 成交客户购房动机（见表 5-1-16）

表 5-1-16　成交客户动机统计

购房动机	成交套数/套	百分比/%
自住	261	79.33
自住兼投资	16	4.86
自住兼办公	8	2.43
投资	34	10.33
办公	10	3.04
合计	329	100.00

5. 2015 年客户变化预估（见表 5-1-17）

表 5-1-17　2015 年客户变化预估一览

客户年龄	20~40 岁占比 73.86%，说明本案的主力客户是刚需的中青年客群为主
客户结构	自住客占比 79.33%，说明本案的客户群还是以外地限购且资金实力有限的新上海人为主
关注因素	总价、地段、交通、生活配套等，其中价格的敏感度最高
成交区域	区域客占比 37.39%，轨交导入客占比 15.81%，城市快速道路导入客占比 15.20%，泛市区客占比 18.84%，郊区客占比 4.86%，外省市占比 7.90%，成交区域与 2014 年度相比更加宽泛
行业/职业	服务业、贸易业、金融保险业占比 53.50%，建筑业、制造业、运输物流和自职业占比 25.84%，企业职业和私营业主比例为 6：4

本案开盘至今近两年半的时间，客群特征稳固，并未发生太大变化，但是成交区域几乎覆盖全市范围，面对 2015 年的市场竞争环境应保持一定的线上媒体曝光率，重点区域线下深耕。

（二）2015 年有效导客渠道

1. 客户运营之头羊客户定制化服务

客户运营之头羊客户定制化服务包括以下内容：

（1）业务员常态节日信息发送。

（2）头羊客户生日礼物赠送、生日会定制。

（3）头羊客户优先在项目业主报纸上做专题报道，颁发荣誉业主证书及奖品。

2. 客户运营之准业主管理体系—阶段生活服务体系保障

（1）社区服务网络平台。社区服务网络平台为小区住户量身打造，提供各类服务的网上预约或咨询，作为物业管理发布社区信心的网上平台以及业主们之间交流的平台。

（2）大堂管家服务。大堂秘书作为您的24小时管家，是您实现各类咨询和服务的对接人，随时帮您解决居住中的一系列问题。

（3）营养早餐预订。帮助业主向专营公司预订营养早餐。

（4）家政服务。提供有偿的家居清洁及水电保修等服务。

（5）大堂商务服务。大堂商务服务包括商务复印、传真、打印以及大堂茶水提供服务等。

（6）社区WIFI提供。大堂范围内无线网络覆盖，充分满足您商务、休闲所需。

（7）咨询服务。咨询服务包括提供宠物托管、房屋租售、家电维修商家咨询服务。

（8）代办代收服务。代办代收服务包括帮助预约快件、干洗等经营商家上门收取，并代为接受服务。

（9）社区班车服务。社区短驳车接轨地铁站，解决最后三千米的交通问题。

3. 客户运营之准业主管理体系—入住初期社区生活指导资料

（1）业主生活物料

业主生活物料是一本生活手册，这是一本针对项目周边吃、喝、娱、乐的全方位生活导读物料。

4. 客户运营之准业主管理体系—成交业主圈层建立

建立成交业主圈层，组织业主开展自驾游、才艺比拼、达人PK等丰富多彩的活动，提前让业主感受到社区邻里融洽生活之感，形成口碑传播，号召更多亲友一起感受理想之美。

（三）媒体投放

1. 线上媒体投放

（1）线上保留门户网络，选择搜房网硬广节点型投放。

（2）桃浦新村站语音报站投放，长期保持与轨交来客的互动。

2. 线下媒体投放

小蜜蜂派单、直投，覆盖项目来客集中区域写字楼、社区微信自媒体。

3. 自媒体公关引进

（1）及时性与多样性的补充，微信已成为一个项目形象的重要窗口。

（2）增加话题发送频率、丰富话题线，有品牌宣导、销售信息、价值分解。

（3）不仅有话题，更要有互动功能，将微信、集赞、送礼、导客、成交完美结合。

（四）销售终端

1. 售楼处—社区召集留言板

增设社区留言板，分为：

“理想那些事儿”——通报项目最新动态、周边利好或全民营销信息等。

“理想公约”——社区居民行为准则、社区管理规范等。

“一起去 happy”——可由社区或业主发起一些联谊活动等。

2. 售楼处—亲子互动乐园

书吧铺设卡通泡沫地垫，增设儿童城堡、玩具，将书吧打造为亲子乐园。

售楼处—小型剧院。

影音室改造为小型剧院，墙面做经典电影人物墙贴、电影海报，配自助饮料机、爆米花，每周做电影预告板。

3. 社区包装—配套标示牌

在已投入使用的配套旁加设标示牌，一方面在后期现房客户的带看过程中可见，另一方面也可成为社区景观的一部分。

（五）营销主图

2015 年同进理想城营销主图见表 5-1-18。

表 5-1-18　同进理想城 2015 年营销主图

		1 月 1 日—2 月 28 日	3 月 1 日—5 月 30 日	6 月 1 日—8 月 31 日	9 月 1 日—10 月 31 日
时间周期		第一阶段	第二阶段	第三阶段	第四阶段
营销阶段		平稳续销	强势重启	价量均衡	完美收官
媒介策略	推广主线	理想零距离，即买即入住	压轴景观王，全实景呈现	理想不错过，限量请珍藏	理想醉完美，所见即所得
	投放策略	●主题性导客活动：理想之旅 ●客户运营：业主报、业主生活手册、头羊客户生日会 ●线上媒体：地铁语音报站 ●拓展：社区、商超、地铁派单、竞品截流 ●阵地提升：罗马旗、地下商铺招租完成、社区留言板、社区标示改造完成	●主题性导客活动：理想家园 ●客户运营：业主报、头羊客户生日会、业主联谊活动 ●线上媒体：搜房、微信、地铁语音报站 ●拓展：社区直投、商超、地铁派单、竞品截流 ●阵地提升：罗马旗、售楼处展架等、书吧—亲子乐园改造完成、多媒体室—剧院改造完成	●主题性导客活动：理想狂欢 ●客户运营：业主报、头羊客户生日会、业主联谊活动 ●线上媒体：搜房、微信、地铁语音报站 ●拓展：社区直投、商超、地铁派单、竞品截流 ●阵地媒体：罗马旗、售楼处物料等	●主题性导客活动：理想丰收 ●客户运营：业主报、头羊 ●客户生日会、业主联谊活动 ●线上媒体：搜房、微信、地铁语音报站 ●拓展：社区直投、商超、地铁派单、竞品截流 ●阵地媒体：罗马旗、售楼处物料等

（六）营销预算

2015 年同进理想城营销预算见表 5-1-19。

表 5-1-19　同进理想城 2015 年营销预算　　　金额单位：元

日期			1月	2月	3月	4月	5月	6月	7月	8月	9月	10月	11月	12月	合计	百分比/%
活动类	暖场活动	主题导客活动	40 000	40 000	40 000	40 000	40 000	40 000	40 000	40 000	40 000	40 000			400 000	11.24
	业主活动	老客户维护	10 000	10 000	10 000	10 000	10 000	10 000	10 000	10 000	10 000				90 000	2.53
大众媒体	地铁广告（语音报站）		60 000												60 000	1.69
	搜房网络				150 000	200 000	150 000			150 000	150 000				800 000	22.47
	安居客						300 000								300 000	8.43
	星地产				150 000										150 000	4.21
	微信媒体				20 000	20 000	20 000	20 000	20 000	20 000	20 000				140 000	3.93
直效媒体	社区直接邮送广告				90 000			90 000			90 000				270 000	7.59
拓展类	巡展					80 000									80 000	2.25
包装类	移动罗马旗		21 000		4 000			4 000			4 000				33 000	0.93
	书吧		10 000												10 000	0.28
	商业包装			50 000			16 811								66 811	1.88
	社区包装		20 000												20 000	0.56
	常态包装		3 000		2 000	2 000	2 000	2 000	2 000	2 000	2 000				17 000	0.48
	维修类（模型+放映厅+发光字）		30 000												30 000	0.84
物料道具	业主生活手册		15 000												15 000	0.42
	业主装修手册			15 000											15 000	0.42
	业主报 A4		600	600	600	600	600	600	600	600	600	600			6 000	0.17
	派单折页				36 000	36 000	36 000	36 000	18 000	18 000	36 000				216 000	6.07
	其他物料		1 000	1 000	1 000	1 000	1 000	1 000	1 000	1 000	1 000	1 000			10 000	0.28
	礼品物料	外拓派发（礼品扇）						4 500							4 500	0.13
		到访礼	2 100	800	2 100	3 600	3 600	2 100	1 750	1 750	2 400	1 000			21 200	0.60
		拍照礼	10 500	4 000	10 500	18 000	18 000	10 500	8 750	8 750	12 000	5 000			106 000	2.98
		集赞礼	7 500	7 500	7 500	7 500	7 500	7 500	7 500	7 500	7 500	7 500			75 000	2.11
		成交礼	6 000	2 000	6 000	8 000	8 000	6 000	5 000	5 000	6 000	2 000			54 000	1.52
其他	摄影		30 000												30 000	0.84
	成交激励（个人）		60 000	20 000	60 000	80 000	80 000	60 000	50 000	50 000	60 000	20 000			540 000	15.17
小计			326 700	150 900	589 700	506 700	693 511	294 200	164 600	314 600	441 500	77 100	0	0	3 559 511	
百分比/%			4.18	1.93	7.55	6.49	8.88	3.77	2.11	4.03	5.65	0.99	0.00	0.00		
总计															100.00%	

七、营销保障

营销保障主要包括以下内容：

（1）工程进度保障。五维配套的实景兑现，篮球场、露天影院、景观慢跑道、开心农场、社区 WIFI 的全面实现和使用。

（2）营销预算保障。全年营销预算 345 万元；51Myfun 诚意金升级 3 万元抵 6 万元（中介奖励、全民营销奖励升级由 51 承担）。

（3）商业运营保障。地下商铺招租，活跃整体商铺气氛、提升商铺价值，便于地上商铺的销售。

(4) 项目维修保障。放映厅、模型、发光字等项目硬件设备受损维护。

(5) 物业服务保障。提升物业服务管理，助力现房销售，形成业主口碑传播。

(6) 成交激励保障。成交一套奖励销售团队 2 000 元。

[案例小结]

本营销策划方案主要目的是去化，迅速地将剩余房源销售掉，尽快收回投资。本方案对 2014 年各季度的销售情况进行了详细分析，同时对客户来电、来人、广告媒体、成交等数据进行了分析，基于宏观市场背景分析了竞争房源的成交情况、供求关系、成交结构等，并据此制订了详细的销售计划、推广计划、导客渠道和导客活动、媒体策略、营销保障等。

[思考题]

(1) 在互联网普及的今天，如何设计房地产项目的广告媒体方案？

(2) 房地产促销的手段有哪些？每种手段的优点是什么？

第六篇
项目物业管理阶段

案例

重庆自然博物馆物业管理方案设计

[**案例综述**]

目前物业管理企业普遍存在管理规模过小、经济效益较差的问题。物业管理企业过多、过滥，将致使物业管理水平低下。在市场经济条件下，物业管理企业被推向市场是必然的。目前，越来越多的物业管理项目均采用公开招投标的方式确定物业管理企业，逼迫物业管理企业走向市场。

因此，各物业管理企业必须注重投标书的质量，特别要重视物业管理方案设计。对标书的评定实际上是对管理服务项目和质量的评定，服务及质量是评价中标单位的首选条件之一。在这种情况下，各物业管理企业要想中标，就必须为目标物业服务管理制定措施，以保证质量。本案例以重庆自然博物馆的投标文件为例，展示了物业管理方案设计的主要内容。需要说明的是，随着物业管理行业招投标的逐渐完善，物业管理企业的标书制作水平也日益提高。本案例的方案设计内容基本完整，但也存在一定问题，仅供参考。

[**案例全文**]

第一节　物业管理的整体设想

一、重庆自然博物馆概况

重庆自然博物馆是一所综合性自然科学博物馆。其前身为1930年由爱国实业家卢作孚先生创办的“中国西部科学院”，以及1943年由中国西部科学院联络内迁重庆的十余家著名学术机构联合组建的“中国西部博物馆”。重庆自然博物馆先后被命名为“全国科普教育基地”“重庆市爱国主义教育基地”“中国古生物学会科普教育基地”“国土资源科普基地”。

二、物业服务定位：安全、舒适、文明、环保

（一）安全

重庆自然博物馆通过完善、严密、高效、人防、技防并举的安全防范管理体系，充分保障了馆内人员、展品和设施设备的安全。

（二）舒适

重庆自然博物馆按照服务规范标准，以优质的服务为观赏者营造舒适、温馨的观赏环境。

（三）文明

重庆自然博物馆开展形式多样、丰富多彩的文化活动，营造和谐、活跃、轻松的观赏氛围。

（四）环保

重庆自然博物馆提供优良的绿化保洁服务，运用各种监督机制，创造出一个环保、优雅的观赏环境。

三、物业管理策略

重庆自然博物馆的物业管理策略包括提供高质、低耗的服务；提供全方位的增值服务；树立品牌并不断创新。

四、整体设想

我们在遵循重庆自然博物馆的原创思想的基础上，依据对项目的理解，并结合积累的物业管理经验与公司现有的自有资源，对重庆自然博物馆物业管理服务项目进行完善，为把重庆自然博物馆建设成为一流、知名的展馆提供有力的保障。

我们对重庆自然博物馆物业管理的整体设想如下。

（1）充分利用各种服务资源，为重庆自然博物馆提供先进的物业管理服务和完善的后勤保障；对重庆自然博物馆进行全方位、一体化的后勤物业管理，整体提高物业服务的档次；把业主的利益放在第一位，精心管理，精致维护，精细服务。物业管理的职能最终要体现在服务的质量上。我们提供的服务，要通过业主的评价来体现价值，只有得到了业主的认同，公司才能体现其价值并获得收益。

（2）树立“以人为本，天人合一”的可持续发展观念以及强烈的环保意识。我们将充分发挥公司各管理体系以及专用物业管理软件体系的重要作用，同时引进酒店管理的模式和服务意识，将其应用在物业清洁服务中，提供全面而细致的环境管理服务，为客户带来全新的“星级酒店式”物业清洁服务，营造优美、洁净、文明、高雅的环境，从而实现良性循环与可持续发展，使博物馆物业管理达到最优。

（3）通过引进先进的物业管理理念和模式对展馆“硬件”环境进行规范化、专业化的管理，培养现代科学服务意识和管理意识；通过运用创新的服务理念，建立全方

位的服务系统，提供高档次的精品服务，不断提高业主满意度；根据业主的需求信息来调度各部门和作业层面的日常服务工作，设立信息档案，高效反馈、处理意见及需求；每月按期将业主需求和回访结果进行深入细致的分析，调整工作思路，真正体现“真诚服务，精心管理”的服务理念。

（4）治安护卫管理的重点是防乱、防火、防盗、处理意外事件等。业主的第一需要就是生命财产的安全，这必然要求“大管家”的安全护卫服务得到确实的保障。为保证博物馆所有人员（包括游客、业主方、物业工作人员）的生命和财产安全，物业管理企业必须利用现代化智能监控设施，完善安全系统。除了智能监控外，物业管理企业也安排了一定数量的保安人员进行24小时护卫、巡逻，让在博物馆的所有人放心地观赏、工作、学习、游览。

（5）使物业增值保值。

①通过优质的管理，让物业保值增值，想办法延长物业和设施设备的使用寿命，制订详细的维护保养计划，及时发现小问题，及时采取修补措施。

②科学地经营管理，增加收入，节约开支，合理利用资源。

③从管理品牌演化出物业自身的品牌，形成市场效应。优秀的物业管理企业会招揽更多的顾客。

（6）以全国物业管理示范大厦的标准，积极开展各项物业管理工作，在博物馆业主的支持下，达到创优的目标；以一线服务人员为班底，以独具特色的人文素养，为业主和游客带去酒店式服务的服务理念与管理水准。

五、物业管理服务模式

（一）标准化管理

重庆自然博物馆物业的管理服务涉及面广，物业管理企业需要用专业知识并结合重庆自然博物馆的实际情况对其进行标准化的管理。物业管理企业将对项目维修与养护、给排水及电气设备管理、消防、秩序维护、保洁、绿化及便民服务，实施全面的标准化质量管理。同时，物业管理企业会对内部管理和制度进行创新，以达到管理严格有序、服务质量高的管理目标，从而使客户满意。

（二）有效的沟通服务

物业管理企业必须有较强的组织、沟通、协调能力。这些素质的高低对工作效率的提升有很大的帮助。本公司将设置物业服务中心，通过礼貌走访，接待各种投诉，答复客户疑问，设置交流箱、公示栏、宣传栏等方式，保持与客户的良好关系。本公司将利用规范物业管理企业的耐心、亲切的服务优势与客户进行沟通，有效化解部分矛盾。

（三）和谐、整洁、安全和舒适的文化

本公司立志缔造一个和谐、整洁、安全和舒适的观赏环境。员工要热心助人，和善待人。

第二节 项目组织机构和人员配备

一、各岗位人员配备

各岗位人员配备如表 6-1-1 所示。

表 6-1-1 各岗位人员配备表

<table>
<tr><th>部门</th><th colspan="2">岗位</th><th>人数</th></tr>
<tr><td rowspan="3">行政</td><td colspan="2">经理</td><td>1</td></tr>
<tr><td colspan="2">内勤</td><td>1</td></tr>
<tr><td colspan="2">小计</td><td>2</td></tr>
<tr><td rowspan="4">客服部</td><td colspan="2">客服部长</td><td>1</td></tr>
<tr><td colspan="2">总服务台、票务</td><td>4</td></tr>
<tr><td colspan="2">会议服务</td><td>3</td></tr>
<tr><td colspan="2">小计</td><td>8</td></tr>
<tr><td rowspan="24">协管部</td><td colspan="2">协管部长</td><td>1</td></tr>
<tr><td rowspan="13">白班</td><td>协管领班</td><td>1</td></tr>
<tr><td>消防专员</td><td>1</td></tr>
<tr><td>办公区车道岗</td><td>1</td></tr>
<tr><td>办公区门岗</td><td>1</td></tr>
<tr><td>展厅大门安检</td><td>4</td></tr>
<tr><td>展厅出口</td><td>2</td></tr>
<tr><td>西区停车场</td><td>2</td></tr>
<tr><td>消防控制室</td><td>2</td></tr>
<tr><td>外围巡逻岗</td><td>3</td></tr>
<tr><td>展厅秩序维护岗</td><td>12</td></tr>
<tr><td>扶梯岗</td><td>4</td></tr>
<tr><td>内部巡逻岗</td><td>3</td></tr>
<tr><td>贵宾厅后门</td><td>1</td></tr>
<tr><td rowspan="9">夜班</td><td>协管领班</td><td>1</td></tr>
<tr><td>办公区车道岗</td><td>1</td></tr>
<tr><td>办公区门岗</td><td>1</td></tr>
<tr><td>展厅大门</td><td>1</td></tr>
<tr><td>展厅出口</td><td>1</td></tr>
<tr><td>西区停车场</td><td>1</td></tr>
<tr><td>消防控制室</td><td>2</td></tr>
<tr><td>巡逻岗</td><td>3</td></tr>
<tr><td>贵宾厅后门</td><td>1</td></tr>
<tr><td colspan="2">轮休</td><td>9</td></tr>
<tr><td></td><td colspan="2">小计</td><td>59</td></tr>
</table>

表6-1-1（续）

部门	岗位	人数
工程部	工程部长	1
	工程领班	1
	配电	2
	综合维修	2
	空调	2
	弱电	2
	夜班	1
	轮休	2
	小计	13
环境部	环境部部长	1
	保洁领班	1
	A区1楼到2楼	3
	B区1楼	3
	B区2楼	3
	B区3楼	3
	展厅6个	8
	外围	5
	中班	4
	轮休	6
	绿化	6
	小计	43
展教部	讲解员	24
合计		149

二、人员上岗要求

1. 工程人员

工程人员必须经过专门机构培训并取得相关工程类合格证书。工程人员需持有相关证书，包含但不限于电工作业证、制冷与空调作业证、电梯安全管理证等。如果工程人员无证书上岗（强电工除外），则要求其有在大型公共建筑从事相同工作5年以上的经验。年龄要求为55岁以下。

2. 保安人员

（1）身高

白班男性身高1.7米以上，女性身高1.6米以上；夜班男性1.68米以上。

（2）年龄

白班男性年龄45岁以下，女性38岁以下；男性夜间保安55岁以下。身体健康，形象端正；退伍军人或特别优秀的，年龄可放宽到48岁以下。

（3）其他

保安人员需要具备基本的治安防范、消防操作及交通指挥技能和电脑操作知识，有相关的工作经验；遵纪守法，敢于同各类犯罪作斗争；无违法犯罪记录。保安队伍男性比例不低于70%、女性比例不高于30%。

3. 保洁、绿化工

男性60岁以下，女性55岁以下，身体健康，能吃苦耐劳。

4. 会议服务员、总台接待员、票务、讲解员

他们的上前要求如下。

（1）大学专科及以上学历位。

（2）秘书学、旅游管理、表演、播音、播音与主持艺术、生物科学、外国语言文学类、教育学类专业。

（3）男性身高1.72米及以上，女性身高1.62米及以上。

（4）普通话测试二级甲等及以上，30周岁以下。

第三节　物业服务人员培训、管理及内部质量监管方案

一、员工的培训

为了更好地为重庆自然博物馆提供良好的物业管理服务，一方面我们将对入驻员工进行有针对性的培训，另一方面我们将通过日常培训增强员工的服务意识、质量意识和环保意识，提高员工的文化素质、业务能力和管理知识。通过这些措施，我们坚信能培养出一支品质优良、专业技术过硬、服务热情周到的物业管理服务员工队伍。

1. 培训目标

（1）确保新员工培训率为100%，培训合格率为98%。

（2）管理人员持证上岗率为100%。

（3）特殊工种人员持证上岗率为100%。

（4）员工年度培训率为100%，培训合格率为98%。

2. 培训方式

我们将采取全员参与的方式，分阶段、分层次地实施培训。

（1）第一阶段：入职培训

凡是新招聘的管理服务人员，都必须参加公司组织的关于物业管理服务专业知识的培训。

（2）第二阶段：上岗培训

凡确定派入重庆自然博物馆工作的管理服务人员，在正式上岗前，都必须通过岗位职责、工作流程、质量标准及礼节礼仪的强化培训和考核。

（3）第三阶段：在职培训

在日常工作期间，我们将根据不同的对象和实际情况，开展系列的正规化培训。

3. 培训方法

为了取得良好的培训效果，我们将分别采取集中授课、专题研讨、案例分析、实操演练、观光学习等方法，将理论结合实际，让员工在培训中真正有所收获，并能将其运用到实际工作当中。

4. 考核方式

（1）口试

口试是指以现场提问方式，检验员工对培训内容的掌握程度。

（2）笔试

在每阶段培训结束后，我们都要进行闭卷考试，以检查员工对所培训内容的接受能力和培训效果。

（3）抽查

在日常工作中，我们将不定时抽查员工对培训内容的熟练掌握和灵活运用程度，一旦发现问题，员工必须马上纠正并在下一个培训阶段加以改善。

（4）实际操作考核

相关部门将通过现场模拟组织员工进行实操训练和考核。

二、员工培养教育和日常管理

新入职员工需要经过专业技能培训和企业文化培训，并在日常管理中遵守相应的制度和规范。

1. 考勤制度

公司实行出勤签字制度，员工上下班必须本人在签字本上签字。员工迟到1分钟内不计迟到，员工1个月内迟到、早退达3次扣发当月全勤金（全勤金是指该月工资的10%）。迟到、早退30分钟以上当天按旷工处理。旷工按情节轻重给予警告、辞退或除名处罚，并扣发两倍当天工资总额。公司正常上班时间为8：30—12：00，13：00—17：30，项目各部门可以根据实际情况而定。在休息日，需要值班的办公室人员另行安排。

2. 员工日常行为规范

在工作时间，员工在公司及所属单位要佩戴工作牌，工作牌应佩戴在醒目处。同时，员工在工作时间、工作区域必须穿职业装并保持服装整洁，不能穿牛仔服、运动服等休闲类服饰，应穿着与职业服相近颜色和款式的服装。员工在接待客户时要谦虚诚恳，对领导要尊重服从，对员工要关心爱护。员工在岗期间严禁串岗聊天、大声喧哗、吹口哨等；上班时要保持良好精神状态，严禁打瞌睡；应保持本人办公区域整洁，桌面物品摆放整齐。离开自己的办公区域时，员工应将桌面整理清洁，将座椅推进桌下空间。在办公桌上允许放置的物品有通信工具、茶杯、文具、文件夹及手头工作所需的物品；地面允许放置的物品有座椅、办公桌、垃圾桶、衣帽架。

3. 奖励与处罚

（1）奖励

对于表现好的员工，相关部门应整理书面材料提交总经理办公室，经总经理审核后，拟定奖励种类并批准执行。针对以下行为，相关部门可以给予员工奖励。

①对公司有特殊贡献的。

②对危害公司权益的行为，能事先发现或防止，而使公司减少或免受损失的。

③保护公司财产，防止或挽救事故有功，使公司利益免受重大损失的。

④维护财务纪律，抵制违规操作，事迹突出的。

⑤忠于职守，廉洁自律，事迹突出的。

⑥公司倡导员工遵守各项行为规范，并设行规津贴，如无违规行为可获得此津贴。

⑦为公司赢得重大社会荣誉。

⑧培养和举荐优秀人才。

⑨改进管理成效显著。

⑩其他应当给予奖励的行为。

（2）处罚

至于处罚方面，公司专设100元制度执行津贴。员工违反日常行为规范中一条的，扣除制度执行津贴的30%；违反两条或两条以上的，则扣除制度执行津贴的100%。对有下列行为之一的员工，除一次性扣除制度津贴的100%外，另给予行政处罚，包括警告、降职、撤职、开除；如情节严重、触犯法律的，则移交司法机关处理。

①无正当理由不服从工作安排，无理取闹，影响公共秩序的。

②玩忽职守，使员工生命、公司财产遭受损失的。

③工作不负责任，损坏办公用具造成资源浪费或经济损失的。

④泄露公司秘密并对公司造成严重损害的。

⑤遇到突发事件故意逃避的。

⑥在工作时间干私活的。

⑦虚报业绩，蓄意妄取成绩、荣誉和个人私利者。

⑧偷盗、侵占同事或公司财物经查属实的。

⑨利用各种手段，造谣惑众，诋毁公司形象的。

⑩在职期间有刑事犯罪或其他违法行为的。

⑪其他应当给予惩处的行为。

三、内部质量监管方案

（一）监控管理机构及职责

公司管理服务的三级监控管理网络具体如下文所述。

（1）一级监控管理网络是为项目部经理、部长建立的自我监控管理网络。

（2）二级监控管理网络是由四个监控管理委员会组成的，具体包括以下几个委员会。

①安保服务监控管理委员会。安保服务监控管理委员会主要监控安保服务所属的组织与人员的管理服务行为。公司委派分管安保工作的副总经理作为主任，抽取四个项目部经理作为其成员。

②保洁绿化服务监控管理委员会。保洁绿化服务监控管理委员会主要监控保洁绿化服务所属的组织与人员的管理服务行为。公司委派分管保洁绿化工作的副总经理作为主任，抽取四个项目部经理作为其成员。

③工程服务监控管理委员会。工程服务监控管理委员会主要监控房屋、道路、设施设备维修维护服务所属的组织与人员的管理服务行为。公司委派分管工程工作的副总经理作为主任，抽取四个项目部经理作为其成员。

④客服服务监控管理委员会。客服服务监控管理委员会主要监控客服服务所属的组织与人员的管理服务行为。公司委派分管客服工作的副总经理作为主任，抽取四个项目部经理作为其成员。

（3）三级监控管理网络由总经理、副总经理、项目部经理组成。

（二）内部监控领导小组

公司建立由总经理、副总经理、项目部经理组成的内部监控领导小组，统一领导公司的内部监控工作，研究制定、修改各项物业管理规定和质量标准，定期全面检查与评估公司物业管理服务的工作状况。

质量部作为公司行政职能部门，是公司内部监控领导小组下属的日常管理机构。在分管领导下，质量部负责公司内部监控规划、管理、监控的管理指导。具体来说，质量部的职能如下。

（1）质量部是常设机构，应明确专人专责的制度。

（2）负责主持四个监控管理委员会的日常管理和组织工作。

（3）核实和调查业主和员工所反映的问题，并向有关方面提出改进意见。

（4）跟踪监控各项目部的物业服务整体运行情况，提出与改革进展相适应的人、财、物配置的指导性意见和政策要求。

（5）督查《物业管理服务标准》的执行情况。

（三）监控管理办法

监控管理办法如下文所述。

（1）物业管理服务的基本模式为项目合同委托，并通过对履行合同过程的监控，提高服务质量，从而使业主满意。

（2）公司制定各项制度（岗位职责、工作标准、工作流程等），作为公司日常管理服务运作的标准和监控管理检查的依据。公司管理部门和服务实体在实际工作中应切实遵照执行各项制度。

（3）内部监控管理工作采用多渠道、多形式进行，切实保证监控管理工作落实到位。各监控管理机构的工作主要包括以下四点：

①一级监控管理网络委员会按照《物业管理服务标准》制定具体管理办法、检查方案，并予以落实，实现自查自纠，把问题消灭在萌芽之中。一级监控管理网络委员会每周组织一次检查，每月组织一次调查测评，并向质量部提交监督量化检查周报告。二级监控管理网络委员会在检查时要核实各服务单位的自查自纠情况。

②二级监控管理网络委员会每月组织一次检查，每月组织一次调查测评，并向质量部提交监督量化检查月报告；每月 5 日前召开一次会议，并对突出问题进行深入分析，寻找解决办法，上报质量部。

③三级监控管埋网络委员会（质量部）每周收集各项目部的监督量化检查周报告，并及时发布，在核实调查所反映的问题的基础上提出改进意见，把有关问题反馈给相关服务单位，进行奖惩；每月收集二级监控管理网络各委员会提交的监督量化检查月报告，于每月 10 日前完成公司监督量化检查月报告，并上报分管领导。同时，三级监控管理网络委员会要完成每季度一次的走访、抽查，撰写抽查报告，完成公司的监督量化检查月报告。

④在遇到重大问题时，各级监控管理网络成员应及时报告分管副总经理或质量部，并在每周或每月的监督量化检查报告上做好记录。

（四）内部监控管理的评估办法

具体来讲，内部监控管理的评估办法主要包括以下四点。

（1）实行过程考核监督与集中考核相结合的制度；实行周考月测制度，以过程考核监督为主。

（2）质量部汇总二级监控管理网络委员会上报的评估分值后，取平均值作为项目部当月的评估分值；取全年评估分值的平均值作为项目部的评估分值。

（3）考核等级的确定。优秀为年考核评估成绩≥90 分；合格为年考核评估成绩 85~89分；不合格为年考核评估成绩 85 分以下。

（4）一级监控网络的考核结果将作为项目部下所属员工的奖惩依据，二级监控考核结果将作为项目主管的奖惩依据，三级监控考核将作为项目部经理及整个项目部的奖惩依据。

第四节　房屋、设施设备服务方案

一、管理服务理念

对于一个项目中的建筑本体、公共设施设备实施的运行、养护、维修和管理，公司将遵循标准化管理原则。养护是主要目的，维修是辅助手段，管理安全为工作重点。对于建筑本体的养护、维修和管理，公司会对其进行考察，研究制定出标准化的管理方法，然后将其运用在项目的实际运营中。公司将不断修正其中的不合理之处，将重庆自然博物馆的建筑本体的损耗降到最低。对于管理区域内的公共设备设施，公司会将养护、维修和运行有机结合起来，保证重庆自然博物馆的正常运行，并且还会努力降低其价值损耗，使其资产达到保值增值的效果。

二、房屋建筑本体及配套设施的维修、养护和管理的内容和要求

房屋建筑本体及配套设施的维修、养护和管理的内容和要求包括以下八点内容。

（1）公司对房屋进行日常管理和维修养护，检修记录和保养记录齐全；根据房屋实际使用年限，检查房屋使用情况，及时组织维修。房屋及配套设施完好率达 98%以上，道路完好率达 95%。

（2）公司对房屋建筑进行日常管理和维修养护；建立房屋建筑档案，日常检查记录齐全。路灯、楼道灯完好率应保持在 98%以上，维修更换及时率应保持在 100%。容易危及人身安全的房屋建筑部位应有明显警示标志和防范措施。

（3）排水设施的养护。公司应做好地基基础的日常养护工作，坚决杜绝不合理荷载的产生；加强对散水坡的养护和修补，确保各类排水沟畅通；定期对建筑物排水管沟井进行巡查和清理，每月至少 1 次。排水沟、明暗沟完好率达 98%以上。

（4）公司保证楼地面完好无损，及时维修破损的墙地板砖。楼地面砖完好率达 98%以上。

（5）墙台面和吊顶工程的养护。公司定期进行巡查和维修，保持墙台面的清洁，

无污渍、灰尘、脚印；建立对吊顶工程的检查制度，及时处理破损部位。墙台面、吊顶完好率达98%以上。

（6）门窗工程的养护。公司建立对门窗的日常检查和维修工作制度，确保门窗的正常使用；每周至少对全馆门窗进行1次巡查。门窗完好率达98%以上。

（7）屋顶维修养护。公司建立屋顶维修养护制度，定期对屋顶进行清扫；对屋脊、趟水沟进行整修；清理疏通排水管道、雨水口，确保屋面排水畅通。

（8）房屋建筑维修保养所需备件和材料由采购人提供。

三、设施设备的运行管理和日常维护的内容和要求

设施设备的运行管理和日常维护的内容和要求如下文所述。

（一）综合要求

（1）分类、分项制定相应设施设备安全运行的管理制度和操作规范，并就近张贴和严格执行；建立电（扶）梯、消防、空调设施设备等重点设施设备及其他招标方要求的设施设备档案，确保设施、设备的运行和检修等记录齐全。

（2）配备所需专业技术人员，由专业人员负责管理和操作（如开启、关闭、维修和保养等）；严格执行操作规程及保养规范，确保设施设备正常运行。

（3）对设施设备定期组织巡查，并做好巡查记录；保持设备状况良好、运行正常，合同期限内无重大管理责任事故，无设备运行事故隐患；如发现设备异常或故障，应采取相关措施以防止故障扩大并立即派人检修（报修）至完好为止。

（4）各设备机房需要每周清洗1次；机房内的电子设备机箱的除尘1年2次；做到设备间无浮尘、污迹、积水。

（5）对容易危及人身安全的设施设备，标注明显警示标志和防范措施；对可能发生的各种突发设备故障制定应急方案。

（二）供电（配电）设施设备

（1）根据相关要求，配电室实行24小时专人配电值班；制定并执行停电应急处理措施；消防备用电源和日常备用电源在停电后3分钟之内投入使用。

（2）柴油发电机每半个月运行保养1次；制定并严格执行临时用电管理措施。

（3）公共照明系统应根据季节与气候情况设定提前开启时间，用完应立即关闭，避免浪费。

（4）保证正常供电，限电、停电有明确的审批权限并提前通知采购人和物业使用人。

（5）严格执行采购人制定的用电管理办法；展厅展品供电、基础照明、专业灯光等准点开关率达99%以上。

（三）给排水设备系统

（1）给排水设备系统是指物业服务区内建筑物内部及建筑物外附属设备中各种冷水和污水供应和排放的工程设施的总称。给排水设备系统主要包括供水设备、排水设备、消防用水设备。

（2）投标相关人员应熟悉馆内给排水管网；建立给排水、消防用水设备系统的养护和维修制度；确保给水管道和各类阀门处于良好状态，无漏水、渗水、积水等异常现象。

（3）严格执行采购人用水、供水管理制度，积极协助采购人制订合理的用水和节水计划；限水、停水按规定时间通知采购人和物业使用人；每天检查 2 次污水泵、提升泵、排出泵的运行状况，每季度加 1 次润滑油；定期检查排水管沟是否堵塞、生锈或渗漏等，清除淤泥和杂物；及时排除相应隐患，每月至少进行 1 次。

（4）共用雨水、污水管道每月疏通 1 次；雨、污水井每月检查 1 次；生化池每季度检查 2 次，每年清掏 2 次，发现异常应及时清掏；生化池、雨水井、污水井完好率达 100%。

（5）确保汛期道路无积水，广场、车库、设备房无积水和浸泡发生。遇有事故，维修人员在规定时间内进行抢修，无大面积跑水、泛水和长时间停水。

（6）大（暴）雨期间每小时检查 1 次污水泵运行状况，确保库房区域排水系统正常运行，杜绝出现雨水倒灌藏品库房的情况。

（四）供气设施设备

投标相关人员应熟练掌握物业管理范围内天然气供应设备及管网分布及布置；建立供气管网及设备的日常巡检制度；对发现的安全隐患及时报告采购人和供气单位，并负责联系供气单位进行维修。

（五）弱电系统设施设备的运行管理

弱电系统设施设备的运行管理在采购人相关部门的指导下实施。其主要内容和要求如下。

（1）负责馆内弱电井（间）管理，协助设备维修。

（2）负责博物馆展厅内多媒体系统的播放、管理、维护。

（3）负责弱电线路、设备的管理维护，发现弱电系统工作中的故障和现象，应及时向采购人及相关部门报告。

（4）为采购人相关部门从事弱电维护和建设提供技术和人力支持。

（六）电（扶）梯系统设施设备的运行管理

（1）投标人应配备专业人员负责电（扶）梯的日常运行和管理。专业人员须持证上岗，掌握电（扶）梯各种故障应急处理方案，特别是电（扶）梯困人故障的排除。

（2）投标人负责电（扶）梯的日常管理，每周至少 1 次对电（扶）梯全段运行状况进行检查，如发现故障，应及时通知维保单位进行维修和整改，协助并监管电（扶）梯维保单位的工作。

（3）投标人应每天定时巡查电（扶）梯及手扶梯运行情况，及时发现并排除故障，杜绝发生安全事故。

（七）空调系统设施设备的运行管理

（1）投标人应配备专业人员负责空调的日常运行和管理。专业人员须持证上岗，掌握各种空调故障应急处理方案，随时掌握天气变化，向采购人提出合理的空调运行方案。

（2）投标人负责空调的日常管理，建立空调系统运行管理制度和安全操作规程，保证空调系统安全运行和正常使用，确保无超标噪音和严重滴漏水的现象，并制定科学合理的经济运行和节能降耗措施。

（3）每天至少 1 次对各空调设备运行状况进行检查，每小时对空调主机运行状况进行检查；定期检查养护空调设备，保证空调设备设施处于良好状态。空调系统出现运行故障后，维修人员需要在 15 分钟内到达现场维修，及时排除故障。如故障较大，投标人应及时通知维保单位进行维修和整改，协助并监管空调维保单位的工作。

（八）消防系统设施设备的运行管理

（1）投标人应配备专业人员负责消防系统的日常运行和管理。专业人员须持证上岗，掌握消防设备的各种故障应急处理方案。

（2）投标人负责消防设备的日常运行和管理，每周至少 1 次对消防设施设备运行状况进行检查，确保设施设备完好有效，随时可投入使用。消防泵每月启动 1 次并做记录，保证其运行正常。每月进行一次消防联动测试。如发现有故障，投标人应该及时通知维保单位进行维修和整改，协助并监管消防维保单位的工作。

（3）投标人应配合馆方进行日常消防演练工作，并协助馆方制订演练计划。

（九）设施设备的维修

（1）供配电系统高压预试检测、消防系统、空调系统、电（扶）梯系统、安防系统、车库道闸、防雷系统等设施设备的专业维修保养应该由采购人负责。采购人在实施专业维修保养时，投标人需做相关协助配合工作。

（2）除上述设施设备的专业维修保养外，馆内所有设施设备（包括上述设施设备）的日常保养和维护均由投标人负责。

（3）设施设备维修保养所需备件和材料由采购人提供。

四、实施计划

本项目建筑本体和各类设施养护、维修和管理计划实施情况见表 6-1-2。

表 6-1-2　本项目建筑本体和各类设施养护、维修和管理计划实施情况

序号	项目	维修类别划分	定期维修			
			计划	方案	标准	实施效果
1	房屋承重及抗震结构部位	(1)局部受损 (2)施工质量原因造成的结构问题	(1)每年对房屋基础进行一次检查，防止白蚁及腐蚀性液体的侵害 (2)及时了解场馆内有无白蚁情况。做到早发现、早处理	(1)由工程技术部负责实施 (2)维修费用每年递增10%	(1)建筑物白蚁防治标准 (2)建筑物完好等级标准	(1)结构安全，正常使用 (2)结构性能完好

表6-1-2(续)

序号	项目	维修类别划分	定期维修			
			计划	方案	标准	实施效果
2	外墙面	(1)外墙面起鼓脱落的修补 (2)外墙面局部渗漏 (3)外墙面大面积渗漏 (4)外墙面的翻新(25年为一个周期)	(1)每2年对于较大面积渗漏外墙久修无效的,应局部翻新防止面积继续扩大及污染墙面,并清洗一次 (2)每年雨季前对住户外窗台进行一次密封维护检查,杜绝雨水侵入	(1)由工程技术部门负责实施 (2)外墙面每年全面维修一次	(1)房屋修缮标准 (2)外墙面修缮作业规程	(1)外墙平整,无渗水 (2)整洁统一
3	吊顶	(1)吊顶破损 (2)出现裂缝	建立对吊顶工程的检查制度,即时处理破损部位	(1)由工程技术部门负责实施 (2)吊顶每年全面维修一次	吊顶修缮作业规程	(1)无破损 (2)无裂缝
4	公共屋面	(1)隔热层破损 (2)防水层破损造成屋面渗漏 (3)避雷网脱焊、间断 (4)屋面积水	(1)避雷网每年刷一次油漆,防止锈蚀 (2)每年全面修补一次屋面隔热层板,重新勾缝、修补 (3)每月疏通一次屋面雨水口 (4)每年对屋面防水层检修一次,每5年翻新更换老化部分	(1)由工程技术部门负责实施 (2)屋面防水、隔热层每15年全面翻新一次	(1)房屋修缮标准 (2)相应修缮作业规程	(1)无积水,防水层正常,有效发挥功用,无渗漏 (2)隔热层完好 (3)避雷系统完好
5	公共通道门厅、楼梯间	(1)公用地面的维修改造 (2)公共通道、门厅的墙、天棚维护 (3)楼间墙面、扶手、踏步的维护	(1)每半年对公共地面进行维护一次,补换损坏或空鼓地砖 (2)每2年全面维护一次通道门厅及梯间墙壁天棚、护手及栏杆 (3)每年全面维护一次楼梯踏步,消除空鼓、开裂、破损等进行修复	(1)由工程技术部门按相应技术作业规程实施 (2)每20年铲除抹灰翻新一次	(1)房屋修缮标准 (2)相应建筑部分修缮技术规程	美观完好,整洁、清爽

表6-1-2(续)

序号	项目	维修类别划分	定期维修			
			计划	方案	标准	实施效果
6	上、下水主管	(1)接口及砂眼漏水 (2)管道堵塞、破裂 (3)固定码松脱	(1)每月对管道油漆维护一次 (2)每月检修一次,并紧固管道固定码 (3)每年雨季前检查一次雨水口,更换不合格部分	由工程技术部门按相应作业规程实施	(1)排水管维护修缮标准 (2)给水管维护修缮标准	(1)美观完好 (2)上、下水通畅 (3)无渗漏
7	电(扶)梯	(1)曳引绳张紧度的调整维护 (2)导轨、安全钳的工作情况维护 (3)转动、滑动部的维护 (4)各项安全装置的维护 (5)电脑控制板等的维护检测	(1)每周检查一次曳引绳张紧度一次 (2)每月定期对滑动、转动部分加一次油 (3)每周检查一次导轨、安全钳工作情况 (4)每周进行一次全面安全检查	(1)由专业电梯维护人员负责实施定期维护(全保) (2)每3.5年更换一次	电梯维修保养主要标准	(1)减少故障,改善并增进电梯各部分的性能,确保正常、安全、平稳运行 (2)确保顺利通过安全监督部门检查
8	机电设备	(1)发电机及水泵等机电设备的维护保养 (2)日常机电设备的零部件易耗品维修、更换 (3)制冷系统的维护保养	(1)每月检查智控设备一次 (2)每季度检查开关灵敏度及开关坚固件完好情况 (3)每年检查电源切换及自动保护装置 (4)每季度检修一次发电机设备 (5)每天对空调设备进行检查	(1)由工程技术部门负责实施 (2)重大设备如柴油发电机等每2.5年大修一次 (3)风机、水箱等每15年更换一次	各项机电设备维修保养规程	(1)运转正常、安全 (2)设备完好率99%以上
9	共用防盗监控及邮政信箱等	(1)系统的维护保养 (2)线路的检修 (3)防盗门及邮政信箱的维修养护	(1)每月对系统进行一次维护检修(含线路) (2)每年对防盗门维护一次 (3)每年对防盗门及信箱进行一次紧固维护	(1)由工程技术部门负责实施 (2)每20年更换一次	防盗监控及智能系统维护保养规程	(1)系统持续有效使用 (2)系统线路正常 (3)设施美观、整洁

表6-1-2(续)

序号	项目	维修类别划分	定期维修			
			计划	方案	标准	实施效果
10	公用照明	(1)线路的检修维护 (2)灯具的维修及更新	每年检修一次线路和灯具,更换老化线路和损坏灯具	(1)由工程技术部门按照相应保养规程实施 (2)照明器具每15年更换一次	公用照明维修保养规程	(1)线路无老化 (2)灯具正常使用、照明完好
11	本体消防设施	(1)疏散标志的维修及维护 (2)室内消火栓(箱)的有效维护及检修 (3)烟、温感报警系统故障的排除和维护	(1)每周检查一次消防设施设备运行状况 (2)每半年进行一次烟感试验 (3)每年对消防箱刷漆一遍,并将消防带晾晒一次,以防发霉 (4)每年对消防疏散标志进行一次维护	(1)由消防、机电、维修专业人员对其负责实施 (2)消防系统主要设施设备每20年更换一次	(1)消防设施保养规程 (2)消防报警系统维护保养规程	(1)设施完好率100% (2)报警系统灵敏有效
12	共用排烟管道	(1)由烟道内横隔板损坏及导流板安装不当造成的回串烟 (2)排烟口封闭不当造成漏烟	每半年对屋面出烟口盖板及防护罩进行一次维护	由工程技术部按相关作业规范实施	变压式排烟管道技术规范	排烟通畅,能正常使用

本项目公共设施定期维修计划及实施方案见表6-1-3。

表6-1-3　本项目公共设施定期维修计划及实施方案

序号	类别	项目	定期维修计划	定期维修方案
1	区内道路	路面 人行道 缓路径	(1) 每年对局部损坏严重,修补多次的路面、道牙、人行道板进行翻新 (2) 路面翻新面积应控制在每年1‰以内,其他控制每年5‰以内,逐年递增10%	翻新工作由维修部组织专业单位实施
2	室外照明	高柱灯 柱头灯 藏地灯	(1) 灯杆每年刷漆1次 (2) 每月清洁灯具1次 (3) 每季度检修线路1次 (4) 对于破损灯具及老化线路进行更换	由工程部按相关作业规程维修

表6-1-3(续)

序号	类别	项目	定期维修计划	定期维修方案
3	沟渠池井	雨水口 雨水井 污水井 化粪池 阀门井	(1) 化粪池每年清理两次 (2) 井盖板每年刷1次漆，防止锈蚀 (3) 每月清理井内杂物1次 (4) 每年全面维修完善1次	由工程部按相应作业规程实施
4	草坪绿化带	绿化带 草坪	(1) 春、夏季各补换3%~6%绿地1次，树木春夏各补1次，每次3% (2) 每周清洁广场座椅、雕塑小品1次 (3) 根据病虫害发生规律，每年进行2次大消杀	由保洁部按照相应作业规程实施
5	消防设施及排水管网	排水管 室外消防栓 水泵结合器	(1) 消防栓及水泵接合器每半年油漆1次 (2) 消防栓每月排1次水，检修1次	由工程部按相关维修规程实施
6	公用标识导示	标识牌 警示牌	(1) 每月对标识安放基础稳固情况进行检查维护1次 (2) 每年对标识进行维护1次 (3) 每15年更换1次	由工程部组织实施
7	其他公用设施	垃圾转运站 围墙 挡土墙	(1) 每年刷油漆1遍 (2) 每季度检查挡土墙顶排水沟通畅情况 (3) 每季度检查1次泄水孔疏通情况	由维修部按相关作业规程实施

第五节　安保、消防、车辆服务方案

一、管理服务理念

在博物馆物业管理服务中，秩序及安全是相当重要的。博物馆是文化传播的圣地，这里有大量的知识分子聚集，对于他们的安全，我方须做好安保工作，给他们一个安全、放心、舒适的学习环境。

二、公共秩序维护和安全防范内容

(1) 组建稳定、高素质的保安队伍。保安人员的基础素质应与采购人的品质相符；保安人员的招聘、培训和服装配备情况应达到或超过采购人的要求。

(2) 在采购人相关部门的业务指导下实施消防安全管理，履行消防安全职责，服从采购人相关部门的监督、检查；建立完善的消防安全制度和消防安全档案，建立完善的逐级消防安全责任制和岗位责任制，建立每日防火巡查、登记制度。

(3) 保管、保护好消防设施，消防器材每月巡查保养、清点登记1次，确保消防器材的完好有效，可随时启用；每半年检查 1 次消防水带、阀杆处加注润滑油并做 1 次放水检查。每周对所有消防通道和安全出口检查 1 次以上，并建立备查档案。

（4）物业管理人员应掌握消防知识，熟悉本工作（种）岗位的火灾危险性，熟悉预防火灾措施，熟悉扑救初期火灾的方法。发生火灾后，物业管理人员会报警、会使用各种消防器材、会扑救初期火灾。

（5）安保人员应作为采购人的义务消防队。根据采购人的年度消防工作计划和消防应急灭火疏散预案，安保人员制订义务消防队和其他物管人员的消防训练计划；投标人应根据实际情况每半年至少进行 1 次消防演习。

（6）协助采购人开展消防法律、法规及消防安全知识的宣传教育。

（7）按照采购人突发火灾应急处置方案，展厅、会议室、办公室等应设置消防疏散示意图；确保照明设施及引路标志完好，紧急疏散通道保持通畅。

（8）主要门岗执勤人员实行站立服务，负责对出入馆内的人员、车辆进行询查、管理和登记，禁止无关人员、车辆进入；严禁携带易燃易爆危险品进入博物馆；物资出门必须凭物资出门条；严禁推销人员和商贩进入馆内叫卖；严禁携带宠物入馆；防止车辆阻塞出入口。

（9）严格人员出入管理。员工凭员工卡进入；对来馆联系工作、办事、会客的外来人员进行凭身份证等有效证件登记，并填写会客单后方可放行，必要时须先电话联系；发现可疑人员及时向采购人相关部门报告。

（10）确保门禁系统正常工作，严格执行门禁系统操作流程，发现问题及时向采购人相关部门报告。

（11）负责采购人停车场管理，建立健全相应管理制度，严格车辆出入和停放管理。对进出车辆实行发收停车卡、登记等措施管理，对进出车辆及所带物资进行查验，严防车辆被盗事故的发生；确保车辆停放有序，禁止车辆乱停乱放，保障车辆出入畅通；停车场设施完好率达 98%。

（12）及时发现、制止各类违规违纪和违法犯罪行为，并及时报告采购人相关部门。

（13）协助处置馆内发生的群体性事件和各种突发事件，突发事件及时到位处理率达到 100%。

（14）负责一般刑事案件、治安案件及交通事故的现场保护，积极抢救伤员，及时向采购人相关部门和公安部门报告，协助开展调查工作。

（15）热情接待来访者，及时受理处置观众、员工的治安报警和求助。

（16）负责主要出入口的 24 小时守护。进行防火、防盗的巡查，防止火灾及盗窃案件发生。白天巡逻次数不得少于 4 次，夜间巡逻不得少于 5 次，特殊情况下巡逻次数应相应增加，巡逻打点必须按时按点，准确率达 98%。对重点区域、重点部位每 2 小时至少巡查 1 次。

（17）做好标本的安全管理工作。

（18）治安、消防监控室的 24 小时值守。

（19）协助完成采购人重大活动的安全防范、礼仪执勤等任务。

（20）对临时进入博物馆进行布展的单位及人员进行管理。

（21）协助采购人做好突发事件处置工作。采购人相关部门有权直接调动保安人员，投标人安保部门必须服从采购人相关部门的指挥。

（22）协助进行临时展览的安保工作。

三、实施计划

（1）安全教育。安全教育包括以下主要内容：交通安全教育，消防安全教育，饮食卫生安全教育，用电用气安全教育，实验、实习及社会实践安全教育，校内及户外运动安全教育，网络安全教育，劳动及日常生活安全教育，其他方面的安全教育。

（2）根据校园学生年龄特点、认知能力和法律行为能力，安全教育的目标是使学生树立安全观念，自觉遵守安全法规，保护公共安全设施；熟悉学校、家庭、社会中须知的安全知识，掌握事故发生后请求救助的基本途径，具备一定的危险判断能力、防范事故的能力和一定的抵御暴力侵害能力。

（3）根据有关法规，制定各种安全应急预案，并在公安、消防、防震救灾等部门的指导下，每年至少组织师生进行 1 次防火、防洪、防地震等自然灾害的应急逃生、自救、互救演练，提高师生安全防范能力。

（4）加强对学生的心理健康教育，关注学生心理健康教育和心理障碍疏导工作，建立健全学生心理健康教育和心理障碍疏导工作体系，帮助学生减轻心理压力，防止学生因心理疾病而发生他伤、自伤、自残事故。

（5）建立健全安全工作责任制度。建立健全安全责任制及责任追究制，充分调动各方积极性，切实做到层层有目标、人人有责任、事事有人管、追究有制度、奖惩有依据。

（6）建立健全安全工作常规管理制度。各处室要对所辖教育教学工作的各个环节明确安全要求，形成常规管理制度，并对安全防范重点环节和重点区域加强管理，预防和消除教育教学环境中存在的安全隐患。

（7）建立健全安全巡查、检查制度。对重点部位要建立每日巡查制度，巡查内容要建档登记，发现隐患立即采取措施。安全检查工作做到有计划、有步骤地进行，重点部位的检查每周不少于 1 次，其他部位的检查每季度 1 次，开学初、放假时进行全面检查。检查人员要认真填写检查记录，在记录上签名，并建立档案。对检查中发现的安全隐患，能及时整改的及时整改；一时难以整改的，应书面报告政教处，并落实防范措施，防止事故的发生。安全检查的内容主要包括以下几项。

①各种安全防范措施、制度的落实情况，安全隐患的整改情况。

②安全设施、器材是否完好、有效，安全疏散通道、出口是否畅通。

③值班室各种设施的运行情况。

④体育教学设施、试验设施、学校建筑、运动场地、供水用电设备、食品卫生、重大危险源等的安全情况。

⑤安全责任人的工作情况。

⑥其他需要检查的内容。

（8）建立健全安全工作议事制度。物业管理处与后勤处每季度至少要研究 1 次安全工作，确定阶段安全工作重点，督促落实安全隐患整改。做到安全工作有计划、有布置、有保障、有检查、有总结、有评比，使安全管理工作与各项事业的发展相适应。

（9）建立健全安全应急预案制度。完善安全应急预案，包括教学楼紧急事故疏散预案、消防应急预案、学生大型集体活动安全预案、宿舍安全应急预案、教学和试验活动安全应急预案、食物中毒应急预案、建筑物倒塌应急预案、地震和汛期等自然灾害应急预案、防暴力事件应急预案等。一旦发生事故，能够有效应对、及时处置，把损失降到最低。应急预案内容主要包括：①组织机构（包括指挥长、副指挥长，行动组、通信联系组、疏散引导组、安全防护救护组）；②报警和接警处理程序；③应急疏散的组织程序和措施；④通信联络、安全防护救护的程序和措施；⑤应急疏散图、重点部位分布图、各指挥长及小组长和成员通信联系表等附件。根据实际情况，定期对应急预案进行必要的实战演练，并不断完善预案。

（10）建立健全安全隐患整改制度。对巡查、检查出的安全隐患要尽快整改消除隐患，对不能尽快整改的安全隐患，相关责任人要提出解决方案并及时报告学校。在安全隐患未消除之前，要加大防范力度，确保不出事故。鼓励师生对身边的安全隐患进行举报，一经查实，要对举报人进行表扬或奖励。

（11）建立健全安全信息反馈制度。坚持学校安全治安隐患排查整治月报制度。

（12）建立健全安全档案管理制度。安全档案的建立、完善和管理，是安全管理工作的重要组成部分。学校将根据实际情况建立安全工作计划部署档案、消防档案、重点部位档案、易燃易爆危险品档案等，安全档案的管理工作，由协管部和后勤处共同负责。

（13）建立健全门卫值班管理制度。加强门卫的思想道德教育和业务能力培训，配备必要防范器材，使其能防偷、防盗，并具备一定的防暴、抗暴能力。严格执行值班制度，做到昼夜巡逻、联系畅通。对重大滋扰校园治安的事件，立即向当地公安部门报告，并积极配合予以制止和处理。同时门卫对出入人员要严格询问和登记，学生携带学校物品出校的必须登记。门卫对进入学校的车辆要严格审查登记，一般情况下禁止外来机动车辆进入校园。经同意进入校园的车辆必须要求其限速限道行驶，在指定的地点停放。门卫要禁止任何人将非教学所需的易燃易爆物品、有毒物品、动物、管制刀具和其他可能危及学校安全的物品带入校园。

（14）建立健全学生宿舍安全管理制度。宿舍内不准私接电线及使用电器、燃油炉、煤气罐、蜡烛等明火，不准带入、存放易燃易爆、有毒有害、管制刀具等危险物品。对于违规使用、存放的上述物品，由管理员会同保卫科，予以代管、没收或上缴公安部门。学生宿舍一律不得留宿他人、不得饲养动物。

（15）建立健全重点部位安全管理制度。校内各安全重点部位（门卫、教室、食堂、宿舍、实验室、仪器室、财务室、微机室、多媒体教室、配电室、锅炉房、阅览室、小卖部等）所对应的部门，要结合实际情况，单独制定巡查、检查、消防等安全管理制度，明确安全责任人、安全管理人、岗位安全员，并报政教处备案。重点部位是安全管理的重中之重，在落实常规化管理制度和措施的同时必须要做到：每日巡查、每月检查、安全设施和器材必须在位完好、档案详细、有细致可操作的应急预案，防止因管理不善发生失火、失窃、中毒等事故。

第六节　保洁、绿化服务方案

一、保洁方案

（一）管理服务理念

我们将利用专业技能并结合自然博物馆的环境特色，维护自然博物馆环境整洁，为工作人员和游客创造一个优美、舒适的观赏环境。

（二）保洁服务内容和要求

（1）根据采购人的要求，制定工作制度，并据此对工作质量进行考核。

（2）按工作程序对范围内的场所进行日常定期清扫或不定期的清扫保洁，做到按制定标准全方位保洁。清洁卫生实行动态保洁，清扫保洁率达98%以上。

（3）投标人使用的清洁剂、保养剂等必须符合有关部门的规定和满足国家环保标准的要求，由采购人与投标人协商后确定使用品牌，保证对人员无不良影响，对材料、物品无腐蚀和损害。未经招标方同意，不能随意更换品牌。

（4）按采购人统一部属，定期进行消毒和灭虫除害，做到馆内无蚊、蝇、虫、鼠孳生地；每月对全馆范围消毒1次，每半年灭鼠1次，常规消毒每周1次。

（5）如遇突发事件或突击检查时，积极配合采购人搞好卫生工作，随叫随到。

（6）停车场每日清扫2次，每周拖洗1次，每月冲洗1次，道路每日清扫2次，及时清除道路积水、灰尘、垃圾，地面清洁无积尘、无污渍、无油渍。

（7）入口及大堂清洁要求：每天清扫4次，动态保洁。地面干净无灰尘、杂物，玻璃无手印、无污迹，保持光洁明亮；踢脚线、指示牌、垃圾桶无污迹、水迹、尘迹，保持光洁明亮；灯饰、通风口、空调风口无蛛丝、无污尘。

（8）楼层公共区域部分清洁要求：展厅、楼道每日清扫2次，每日拖洗1次，楼梯扶手每日擦洗2次，共用部位玻璃每周清洁1次，地面、墙面、消防器材、果皮箱、垃圾桶无污迹、痰迹、尘迹，消防通道无随意堆放垃圾、杂物，天花吊顶、送排风口无蜘蛛网和灰尘污迹；电梯轿厢每日清洁2次，地面无污渍、尘迹，轿厢侧壁不锈钢无手印、无污迹；路灯、楼道灯每月清洁1次，保持光洁明亮。

（9）会议室、多功能厅等区域清洁要求：地面定时清理，无杂物；桌椅无尘迹、污迹；玻璃、灯饰明亮，随时可投入使用。

（10）办公室清洁要求：每天清扫1次，地面干净，办公家具及设施无灰尘，玻璃窗户光洁明亮。

（11）每月对中央大厅（地面石材5 600平方米、墙面4 800平方米）石材护理1次；外墙清洗（50 000平方米）每年1次、化粪池清掏每年4次；

（12）卫生间清洁要求：公共卫生间每天清扫2次，地面干净光亮，无异味、无积水、无污渍、无杂物，墙面瓷片、门、窗等无灰尘；地面、墙面、门、窗、玻璃镜面隔板无灰尘污迹和其他杂物；小便器、蹲便器、马桶、洗手台盆无污迹、无积水、无垢、无臭味，瓷器保持明亮光洁；保持下水管道排水通畅。

（13）露天广场、车道清洁要求：每天清扫2次，每周进行1次全面冲洗。地面无垃圾杂物、无积水、无明显污迹、油渍；室外设施无明显灰尘、污迹及不良张贴物；绿化地带无明显杂物及枯枝叶；灯饰、栏杆、指示牌无污迹、水迹及明显灰尘；阴沟、沙井、天台无明显杂物。

（14）垃圾收集与清运要求：分层对各楼层的垃圾桶收集2次并清运，垃圾桶每日清洗1次；垃圾袋装化，保持垃圾桶清洁、垃圾桶内无异味；垃圾桶的垃圾存量不超过上沿，垃圾不在筒箱内过夜；垃圾中转站工具摆放整齐，垃圾存量不超过三分之二且做到日产日清，定期清洗消毒，无明显积水，无蚊蝇飞舞，无过量异味。垃圾清运工具应保持清洁无破损，清运过程中不得产生二次污染。

（三）环境部人员岗位职责

1. 保洁部主管工作职责

（1）负责小区各个栋位保洁工作的全面管理。

（2）制订学校月度保洁工作计划、消杀计划。

（3）对各个保洁员的工作每日进行检查、指导，并做好相应的记录。

（4）及时向汇报保洁工作，完成项目经理交办的其他工作。

2. 保洁员岗位职责

（1）负责清洁范围内的清洁工作，确保达到清洁质量标准。

（2）维护责任区卫生，劝阻和制止不卫生，不文明的现象和行为。

（3）完成上级交办的其他任务。

（四）服务工作程序

1. 一般程序

（1）工作时间必须穿工作服，服装整洁并佩戴工作牌。

（2）严格执行自然博物馆的各项规章制度，做好四个“不”，即不该进入的地方不进入、不该动的地方不动、不该看的不看、不该问的不问。

（3）清洁工具应严格区分，如办公室用抹布、公共区域和卫生间用抹布。拖布也应分开使用，标记明确。抹布、拖布使用后应洗净再消毒，悬挂晾干。

（4）室内公共通道每天定时通风，保持空气清新。

（5）强化自我保护意识，防止工作摔伤，在高处作业一定要有2人以上。

（6）垃圾装塑料袋内封闭运送。

2. 除四害程序

（1）灭鼠

用敌鼠钠盐、大隆、鼠必杀灭鼠。此药可以放于草地、大楼周围及垃圾池、污水井、卫生间、停车场、地下室。此药属慢性药物，对人畜无害。

（2）消灭蚊、蝇

①用家虫清等药喷洒蚊、蝇。此药主要喷洒在污水井、停车场、卫生间、垃圾池、地下室等。

②用灭害灵对管道井进行蚊、蝇消杀。

(3) 消灭蟑螂

①用爱克宁、奋斗呐粉剂等喷洒到下水道、沙井、污水井、蟑螂藏身的洞穴等处。

②室内用蟑败灵杀蟑螂，放于柜内、台内、桌边等。

(4) 消杀白蚁

①利用其生活习性和活动规律找巢，用柏松饵剂放在白蚁经常出没的地方，白蚁接触该药后将死亡。

②用毒死蜱、灭蚁灵进行诱杀、毒杀1次。

(5) 消杀注意事项

①消杀用药水、药物应由专人保管，以免无关人员接触。

②消杀用药水、药物应存放于干燥处，以免受潮，影响药水、药物使用效果。

③每次消杀前要以通知的形式告知，说明消杀范围、内容、注意事项等，以免意外发生。

3. 清洁服务工作程序

(1) 不锈钢用品清洁程序

①先用沾有中性清洁剂的毛巾抹擦不锈钢表面。

②用金属除污剂除污。

③用干毛巾抹净不锈钢表面。

④蘸少许不锈钢清洁剂原液于无毛绒布上，对不锈钢表面进行均匀、全面的拭抹。

⑤清洁电梯厅门内外不锈钢表面时应防止轿箱门开关造成的意外，不锈钢清洁剂应适量使用。

(2) 仿石地砖清洁程序

①日常清洁、保洁数次。

②对污染较重部位可以用稀释的盐酸清洗，清洗后应立即将该处用清水洗干净，并擦干净沾有盐酸的工具、鞋等，防止盐酸腐蚀金属设施及其他易腐蚀的物件、地面。

③每半月全面清洗1次地面，清洗时间在下班以后。

(3) 灯饰清洁程序

①首先应关闭需清洁灯饰的电源。

②用浴帽或塑料布将灯头罩好，并用橡皮圈缠紧。

③在所清洁的灯饰下铺好布块。

④将喷壶注入清洁剂并加压，直喷灯饰，如果灯饰较脏可重复几次，待其清洁干净后，用装有清水的喷壶再次进行喷洗。

⑤用毛巾将灯头罩抹干，待完全干后方可拆除浴帽或塑料布，并打开电源。

(4) 晶硬处理程序

①工具及药剂：晶面处理机、高速抛光机、全自动洗地机抛光垫、钢丝棉垫、工作指示牌、拖把、晶硬粉、K2处理剂。

②将晶硬粉、K2按比例调和至糊状，均匀倒在清洁干净的需处理的花岗石地面上。

③用晶面处理机配专用垫以直角磨，当磨至干燥或晶面处理机运转操作吃力时，喷清水磨，重复磨洗5次以上，再过清水（用自动洗地机清洗地面）2遍，等地面干燥后，再用高速抛光机抛光。

（5）玻璃清洁程序

①用玻璃铲刀铲除玻璃上的污迹，但应注意操作，防止划伤玻璃。

②将粉头（补水器）套在伸缩杆上，浸入已稀释的玻璃水，沿玻璃面上下抹洗。

③清洗完毕后，用玻璃刮均匀刮除玻璃上的水分，同时用毛巾抹净玻璃刮上的水分，一洗一刮连贯进行，在接地处粉头（补水器）和玻璃刮均应横向作业。

④用干毛巾抹去残留水迹，并将溅于地面的水抹干净。

二、绿化方案

为了保持和提高自然博物馆的绿化状况，我公司拟定以下技术方案，确保养护工作的开展。

（一）绿化养护要求

1. 室内绿化要求

（1）室内植物株摆养护（株高 0.5 米以内的 700 盆，品种为君子兰、袖珍椰子、广东万年青、合果芋、云竹、酒瓶兰、兰草、西鹃、绿元宝等；株高 0.5~1.2 米以内的 300 盆，品种为鹅掌柴、棕竹、朱蕉、一叶兰、龟背竹；株高 1.2~1.5 米以内的 200 盆，品种为苏铁、垂叶榕、黄杨球、糜烂、巴西铁、南洋杉、棕竹等；株高 1.5 米以上 20 盆，品种为槟榔、鱼尾葵、散尾葵等）。

（2）修剪、更换。安排室内绿化修剪与鲜花摆放。

（3）绿化外观。叶片光泽、花朵鲜艳；土壤表层无杂物、无枯叶；整体造型应与所选品种的观赏效果一致。

（4）摆放。布局合理、均匀、疏密有度；盆栽植物的色彩、形态和气质应与空间大小、装饰氛围及功能相协调。

（5）选种。光度、温度、湿度的耐受程度适宜，观赏性强、观赏周期长，管理方便。

（6）其他。室内盆栽应选用无毒、无害、无味、园艺型肥料；发现病变、虫害、枯萎应及时更换。

2. 室外绿化要求

（1）对博物馆建筑控制红线范围内的室外草坪、绿地及各类植物进行绿化管养。绿化管养主要包括清除草坪、绿地的杂草、石子、枯枝、枯叶，修剪草地缘边，剪平草地，造型修剪乔、灌木，防治植物病虫害，浇水施肥，处理草地鼠洞，毒杀草地蚂蚁，维护园林绿地设施完好等。

（2）由专业人员管理；管理制度完善、可行。

（3）室外绿化需要特别管护，及时浇水、修剪、培土、扶正、绑桩、治虫等，成活率要达到 90%以上，常年树木成活率达到 98%。

（4）防治病虫害，大面积防治每年不少于 2 次，无病害率达到 90%，无虫害率达到 95%以上。

（5）树木修剪。常年按季节进行修剪，全年不少于 3 次，对一些易疯长的乔、灌木应不定期修剪，要求无枯枝、死树、徒长枝。

（6）除草。杂草高度不超过 10 厘米，按 100 平方米计算，每平方米不超过 10 株，草势旺盛期应适当增加除草次数；纯净率达95%以上。

（7）浇水施肥。按树木长势进行不定期抗旱浇水或排涝，全年春秋施肥不少于2次。

（8）清理。绿化区域土地平整，无杂物，无枯枝烂叶；除下的杂草、修剪的废枝应及时清理处置，保洁率达98%以上。

（二）各类绿化植被的养护方法

1. 行道树（乔木带）养护

（1）入冬后，根据行道树的长势采取有效的措施。以定型为主，疏枝结合整形，经过修剪，使行道树做到树冠分布均匀，通风采光良好，减少病虫害发生，增加抗风能力。树冠高度、宽度要保持基本一致，在修剪中还应解决建筑物、供电、照明等的矛盾。

（2）根据季节及时补种缺株行道树，扶正倾斜树木，做到行道树无缺株、无死树、无倾斜，保持区域内的整齐、美观。

（3）一年防治刺蛾2次，捉天牛2~3次。防治时使用无公害、低毒性、低残留药剂。药液配比适当，喷洒范围适当，并注意喷洒人员、行人的安全，保持树木生长茂盛。

（4）经常检查护树桩及扎缚，发现有断桩、坏桩，绑扎带松动、脱落及时调换整理，保证行道树正常生长。

（5）经常检查行道树盖板，发现缺损及时调换补上，树穴一年松土锄草3~4次，缺土及时加土，保持树穴平整、整洁。

（4）剥芽：每年4月、10月剥芽2次，剥芽根据芽条生长方向和不同阶段的具体要求因树制宜地进行。

2. 绿地花坛及庭园养护

（1）保洁工作。每天保洁2次，经过保洁做到花坛无明显垃圾杂质、纸屑、建筑垃圾，各单项养护工作做到工完场清。

（2）施肥。全年对各种花坛、树坛各施基肥1次、追肥数次；在植物生长期，对花坛、树坛经常采取薄肥多施的施肥方法，确保各种草花、地被、花卉生长繁茂。

（3）锄草工作。植物生长期绿地一年锄草7~8次，地被、草坪及时挑清杂草，清除的杂草及时清除，保持绿地整洁，植物正常生长。

（4）定型修剪。入冬后对各类落叶花灌木（花开当年生的树木）进行1次修剪，先花后叶的花灌木进行花后修剪，经过修剪使树木树冠分布均匀，通风采光良好，减少病虫害的发生，树木生长期对各种球类、绿篱修剪2~3次，球类修剪做到球形紧密、圆整，绿篱修剪做到顶部水平状、两侧垂直或略呈梯形。

（5）抗旱、浇水。各类树木、地被、草花遇天干旱，及时安排抗旱、浇水，以保证抗旱效果。

（6）种苗木。抓住春秋两季的种植季节，及时补种缺损树木、草坪，保持绿化景观的完整。

（7）栏杆等设施的维修、保养。对绿地内的各种金属栏杆每年油漆1次，发现缺损、损坏及时维修、调换；各类挡土墙及其他设施损坏应及时修复，保持花坛美观及绿化等周边设施的完好。

3. 地被养护

（1）地被植物在未覆盖前期，及时中耕除草；操作时防止损伤根系和地下茎。

（2）天气干旱，土壤干燥时适时、适量进行浇水。早春发芽前期普遍进行施肥，采取薄肥勤施的方法。

（3）及时挖除和补植发现的枯死植株，枯叶残花随时清除。

（4）木本地被植物萌发能力强者，在冬季休眠期进行修剪。植株在生长期间，始终保持高度不超过 60 厘米的低矮状态。

（5）球根、宿根类地被植物，为防止根部拥挤而影响其正常发育，应按不同类群的生理习性进行分株，更新移植。

4. 草坪养护

（1）应及时挑除草坪中的杂草，发现大型野草更应及时挑除。凡低洼积水处，要填土整平。空秃地段要及时补植，不出现长时间的空秃现象。

（2）草坪在生长季节，适时进行中耕、加土、镇压，保持土壤良好的透气性。道路边缘和树根边缘的草坪要用人工修剪方法，修剪整齐；修剪前必须清除草坪上的石子、瓦砾、树枝等杂物；修剪要平整，边角无遗漏，草屑应及时除净。

（3）对草坪边上的树坛、花坛边缘，进行切草边，保持线条清晰流畅。

（4）草坪发芽以前进行一次施肥，在生长季节可按具体情况追肥；土壤缺水时，应及时浇水。

（5）草坪萌芽期，土壤过湿或板结浇水后禁止行人进入践踏。

（6）一旦发现有由草坪病虫害引起的发黄、枯死现象，应在 24 小时内喷洒药水，及时抑制病虫害蔓延。

5. 四季草花养护

（1）按照自然博物馆的特点，制订全年用花计划，做到月月有花，花期整齐、图案美观。

（2）在始花期选择植株健壮、花型正、花色艳的花卉进行上花坛种植，并做到植行距适宜，不露底土，无缺株倒伏、无枯枝残花、无杂草垃圾。

（3）草花防护设施完好、美观，并保持花坛与环境的协调。

（4）草花与花坛交界处，进行切边或用绿篱围合，以保持花坛的整体观赏性。

（5）准备足量的应季草花，以备突击布置草花任务之需，或者及时调换零星花卉。

6. 病虫害的防治

（1）为维护生态平衡，应贯彻“以防为主，综合防治”的方针。充分利用多样化的植保技术，使用无污染、低残留、低毒性药剂或生物防治技术，抑制病虫害发生。

（2）根据“治早、治小、治了”的防治原则和的养护经验，在充分掌握和了解地区性虫害的基础上，有针对性地防治较为普遍和严重的虫害和病源。

（3）及时修除病虫枝、徒长枝、交叉枝、并生枝、下垂枝、扭伤枝，挖除枯死的树木。保持土表无含病原落叶或经粉碎的枝叶屑，管养好多层次的地被植物。

（4）冬季防治（上年 11 月至第二年 2 月）。在株际空隙处，进行冬耕、翻晒 2 次，消灭刺蛾蛋及其他害虫蛹。摘除休眠虫体，防治蚧虫（打药水或在为害严重的植株上用人工刮落的方法消灭蚧虫）和青桐木虱。

（5）夏季防治（5—9月）。此阶段为病虫害发生高峰期，也是防治的高峰期。在5月上旬喷药1次以做全面防治，随后应做到及时发现、及时处理（在48小时内处理完成）。6月中、下旬至7月上旬和8月中、下旬，是刺蛾发生高峰期，应及时喷药预防。做到无虫体，无枝叶残缺。

（6）生物防治。积极做到保护和利用天敌资源，加强优势天敌的繁殖工作，如红环瓢虫是草履蚧的优势天敌，要做好保护工作。

（7）及时做好植物病虫害发生的记录和预测预报工作，制订长期和短期防治计划。

7. 抗旱措施

在干旱时节，浇水来保证各种苗木、地被、草坪等的正常生长。在夏季高温季节，配备专用洒水车，进行1天2次的绿化作业范围浇水抗旱，确保植物长势良好。对新种树还应采取做“酒酿台”的浇水方法。另外，对大型树、名贵树进行草绳绑扎以及搭建荫棚等防护措施。如发现新种树有脱水现象，则做好疏枝、摘叶工作，以减少水分流失。

8. 防汛措施

以“预防为主、及时抢险”为原则，及时做好一切应急措施和抢险物资的配备工作。

（1）预防。对树冠庞大、树叶过密的道旁绿地内乔木做好疏枝工作，对补种新植树、小树进行绑扎。添置必要的防汛设备。

（2）抢险。二十四小时轮流值班，并派专人巡视，随时应对突发情况，接报后30分钟内赶到事发现场。将倒伏树顺势放置进行截枝、疏枝等工作，并设置安全隔离护栏，保持交通畅通。如发现碰到电线或建筑物的、有危险的，则马上采取必要的防护措施，并通知有关部门及时进行维修。

（3）善后。灾害过后及时拆除有碍交通和观瞻的加固物、临时设施，扶正倾斜或倒伏的树木，恢复原有景观。

[案例小结]

本案例只涉及重庆自然博物馆的物业管理方案设计（技术标部分），主要包括以下内容：物业管理的整体设想，项目组织机构和人员配备，物业服务人员培训、管理及内部质量监管方案，房屋、设施设备服务方案，安保、消防、车辆服务方案，保洁、绿化服务方案。以上内容基本涵盖了物业管理的主要服务内容，但是项目方案的针对性还不足。这是很多物业管理方案设计的通病，很多方案在文字表达上千篇一律，没有结合项目的实际情况来写，甚至出现张冠李戴、项目名称及地址错误等情况。我们要写好服务方案，一定要进行实地调研，多和业主方沟通，并且在方案的文字表达及版面布局上多下功夫。

[思考题]

（1）博物场馆的物业管理要注意哪些问题？

（2）物业管理方案主要包括哪些内容？

（3）物业管理的应急预案应包括哪些内容？

重庆梁平某项目
市场调研报告

四川省某经开区项目
投资分析报告

重庆开州区某房地产
开发项目投资报告

××家园整合营销策划报告

某学校物业管理方案

参考文献

[1] 国家发展与改革委员会，建设部. 建设项目经济评价方法与参数［M］. 3 版. 北京：中国计划出版社，2006.

[2] 建设部. 房地产开发项目经济评价方法［M］. 北京：中国计划出版社，2000.

[3] 柴强. 房地产估价［M］. 8 版. 北京：首都经济贸易大学出版社，2016.

[4] 陈林杰. 房地产开发与经营实务［M］. 4 版. 北京：机械工业出版社，2017.

[5] 陈琳，潘蜀健. 房地产项目投资［M］. 2 版. 北京：中国建筑工业出版社，2004.

[6] 陈琳，潘蜀健. 房地产项目投资分析[M]. 1 版. 北京：中国建筑工业出版社，2015.

[7] 陈琳. 投资项目评估中的社会成本效益分析［J］. 建筑经济，2005（3）：85-89.

[8] 陈琳，谭建辉. 建设项目社会评价研究［M］. 北京：中国建筑工业出版社，2009.

[9] 陈溥才，郭镇宁. 房地产开发项目可行性研究与方案优化策略［M］. 北京：中国建筑工业出版社，2004.

[10] 陈溥才. 财务评价实务与疑难问题分析［M］. 北京：中国计划出版社，2007.

[11] 陈仕亮. 风险管理［M］. 成都：西南财经大学出版社，1996.

[12] 陈志斌. 项目评估学［M］. 南京：南京大学出版社，2007.

[13] 丁烈云. 房地产开发［M］. 3 版. 北京：中国建筑工业出版社，2008.

[14] 贾士军. 房地产项目策划［M］. 2 版. 北京：高等教育出版社，2011.

[15] 建筑艺术工作室. 住宅小区环境设计图集［M］. 北京：水利水电出版社，2004.

[16] 李明哲. 投资项目经济评价问答［M］. 北京：中国计划出版社，2011.

[17] 刘国恒. 建设项目可行性研究与项目评估文献[M]. 北京：学术书刊出版社，1989.

[18] 刘洪玉. 房地产开发经营与管理［M］. 6 版. 北京：中国建筑工业出版社，2013.

[19] 刘林吉. 科学的项目经济评价指标［J］. 技术经济，1999（11）：64-66.

[20] 刘晓君. 工程经济学［M］. 北京：中国建筑工业出版社，2009.

[21] 潘蜀健，陈琳. 房地产市场营销［M］. 北京：中国建筑工业出版社，2003.

[22] 任淮秀，汪昌云. 建设项目后评估理论与方法［M］. 北京：中国人民大学出版社，1999.

[23] 王淑敏，石信谊. 房地产金融实务 [M]. 北京：清华大学出版社，2009.
[24] 王蔚松，夏健明. 项目评估 [M]. 北京：清华大学出版社，2001.
[25] 王直民，黄卫华. 房地产策划 [M]. 北京：北京大学出版社，2010.
[26] 王志纲工作室. 大盘时代 [M]. 成都：四川人民出版社，2001.
[27] 吴添祖，冯勤，欧阳仲健. 技术经济学 [M]. 北京：清华大学出版社，2004.
[28] 吴志强，李德华，城市规划原理 [M]. 第 4 版. 北京：中国建筑工业出版社，2010.
[29] 夏联喜，房地产项目管理 [M]. 北京：中国建筑工业出版社，2008.
[30] 肖涧松，邢旭东. 房地产营销策划 [M]. 北京：中国劳动社会保障出版社，2012.
[31] 谢亚伟，工程项目风险管理与保险 [M]. 北京：清华大学出版社，2009.
[32] 叶剑平. 房地产市场营销 [M]. 北京：中国人民大学出版社，2000.
[33] 叶茂中. 叶茂中谈调研 [M]. 北京：中华工商联合出版社，2001.
[34] 尹贻林. 工程造价计价与控制 [M]. 北京：中国计划出版社，2003.
[35] 于九如. 投资项目风险分析 [J]. 北京大学学报，1999 (5)：51-52.
[36] 余源鹏. 房地产项目可行性研究实操一本通 [M]. 北京：机械工业出版社，2009.
[37] 张极井. 项目融资 [M]. 北京：中信出版社，1997.
[38] 张家鹏. 商业地产真相 [M]. 北京：机械工业出版社，2008.
[39] 赵国杰. 投资项目可行性研究 [M]. 天津：天津大学出版社，2003.
[40] 赵世强. 房地产开发风险管理 [M]. 北京：中国建材工业出版社，2003.
[41] 周晓华. 城市更新之市场模式 [M]. 2 版. 北京：机械工业出版社，2007.
[42] 周裕新，李国好，蔡国强. 技术经济学 [M]. 2 版. 广州：华南理工大学出版社，1996.
[43] 朱东恺. 投资项目利益相关者管理研究 [J]. 中国工程咨询，2004 (2)：21-23.
[44] 朱东恺. 投资项目社会评价探析 [J]. 中国工程咨询，2004 (7) 14-16.
[45] 左农，曹监贤，陈将楚，等. 销售力全攻略：冠军楼盘营销策划实战全录 [M]. 广州：广东旅游出版社，2001.

致　谢

特别感谢重庆财信企业集团有限公司的投资发展中心总经理马荷、重庆金易房地产开发（集团）有限公司副总经理杨简杰、重庆时刻房地产顾问有限公司总经理赵明、重庆世联行房地产顾问有限公司副总经理彭均、碧桂园集团城市执行副总裁兼成都海昌天澜项目总经理文强以及其他对本案例集提供了大量原始素材的朋友！